アバラーク［Абалак］
古代ロシア源流の地

アバラーク修道院からは西シベリア平原とイルティーシ川が眼下に一望できる。

17世紀半ばに焼失したが、当時の教会の門柱と天使が残されている。

修道院の壁に描かれた、古代ロシアの年代記を綴った聖人ネストルのモザイク画。アバラーク村がルーシの精神的原点であることを物語る。

チークチャ ［Чикча］

最後まで抵抗したイスラム教の村

宗教弾圧を経て 1992 年に新しく建立されたモスク。

無神論を徹底したフルシチョフによりイスラム教は徹底的に弾圧されたが、チークチャは最後まで抵抗したという。

村の郷土館にはソ連時代の赤旗などが保存されている。「それも村の歴史の一部だから」と村人は寛容だ。

カザーン ［Казань］——タタールの都

2013 年に完成した「全宗教聖堂」にはロシア正教会のほか、ユダヤ教、イスラム教、仏教など 16 の宗教施設がひしめく。

イヴァーン雷帝がカザーン・ハーン国を征服し、1556 年に建設を命じたクレムリン(城塞)のシュムビケー塔。

街のいたるところにカザーンのマスコットである猫が飾られている。

タタール料理のファストフード店。女性たちが被るのは民族衣装のチャルマー。

トゥヴァー［Тува］ 幸福度No.1の国

呪術医の診察室。壁いっぱいに「神の恵み」と言われる大小の野生動物や野鳥の剝製が飾られている。

呪術医のドプチュノールさん。トゥヴァーでは仏教と共にシャマニーズムも昔から信仰されている。

面接室で信者の悩みを聞くラマ僧。室内には線香の煙が立ち上る。

山岳地帯にひっそりと暮らす、古儀式派の男性。

トゥヴァー共和国誕生の祖。辛亥革命で混乱する清からトゥヴァー人を救い、ニコラーイ2世に保護を求めた。

古儀式派の家屋の門構えに古代キリスト教のシンボルである魚が珍しくデザインされている。

トゥヴァーでは頭を守ることが大切とされており、帽子のデザインが各村のシンボルとなっている。

ロシア革命後に宗教弾圧の嵐が吹き荒れ、1940 年までにすべての寺院が破壊された。仏教の再興が始まったのは 90 年代のこと。

サレハールド

［Салехард］

極北の地

ネネツ人の家族。左端の長い棒はトナカイの群れを追うために使用される、遊牧民のシンボル（右端が著者）。

ドストエフスキーは「陽光の輝きは人間の魂を揺さぶる」と形容した。1月下旬の太陽はたった2時間しか顔を出さない。

チューム（伝統住居）の中でネネツ人の少女がつける伝統的な飾り。

いつでも食べられるよう、トナカイの肉は冷凍保存されている。

マースレニッツァ

［ Масленица ］

春の祭典

案山子と太陽のオブジェを掲げ、歌を披露しながら行進する。春の陽光を浴びて輝く金色の装飾品を額につけている。

マースレニッツァのシンボルは、不用となった冬服を着た「冬の案山子」。祭典の最終日に案山子を焼き、冬とお別れをする。

人気者は冬眠から覚めたクマだ。毛皮をすっぽりかぶった男性が、出会う人々と春の喜びを分かち合う。

森の精霊に仮装した人々が、身体にぶら下げた大きな鈴をカランカランと響かせ、冬の眠りからの目覚めを告げる。

トームスク [Томск]

シベリアの古都

トームスク市内には「木のレース」で装飾された繊細な木造家屋が点在するが、老朽化が激しく、取り壊しが相次いでいる。

市民からの寄付で2004年に作られたチェーホフの銅像。

若者が中心となり、様々な社会団体が慈善事業などを行っている。

チェーホフが訪れたレストラン「スラブのバザール」。

文春学藝ライブラリー

シベリア最深紀行

知られざる大地への七つの旅

中村逸郎

文藝春秋

目次

シベリア最深紀行

知られざる大地への七つの旅

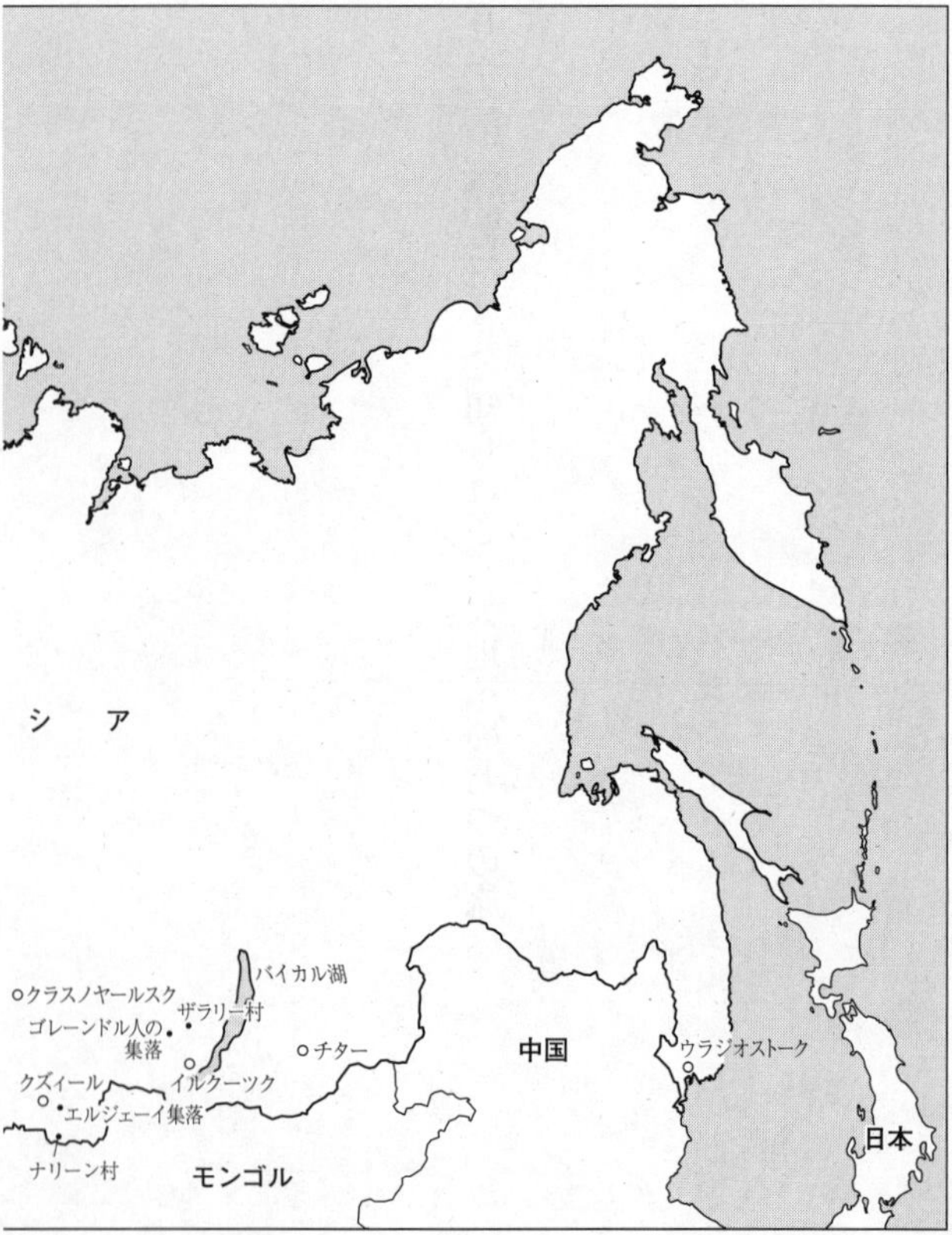

シ　ア
バイカル湖
クラスノヤールスク
ザラリー村
ゴレーンドル人の
集落
チター
中国
ウラジオストーク
イルクーツク
クズィール
エルジェーイ集落
ナリーン村
モンゴル
日本

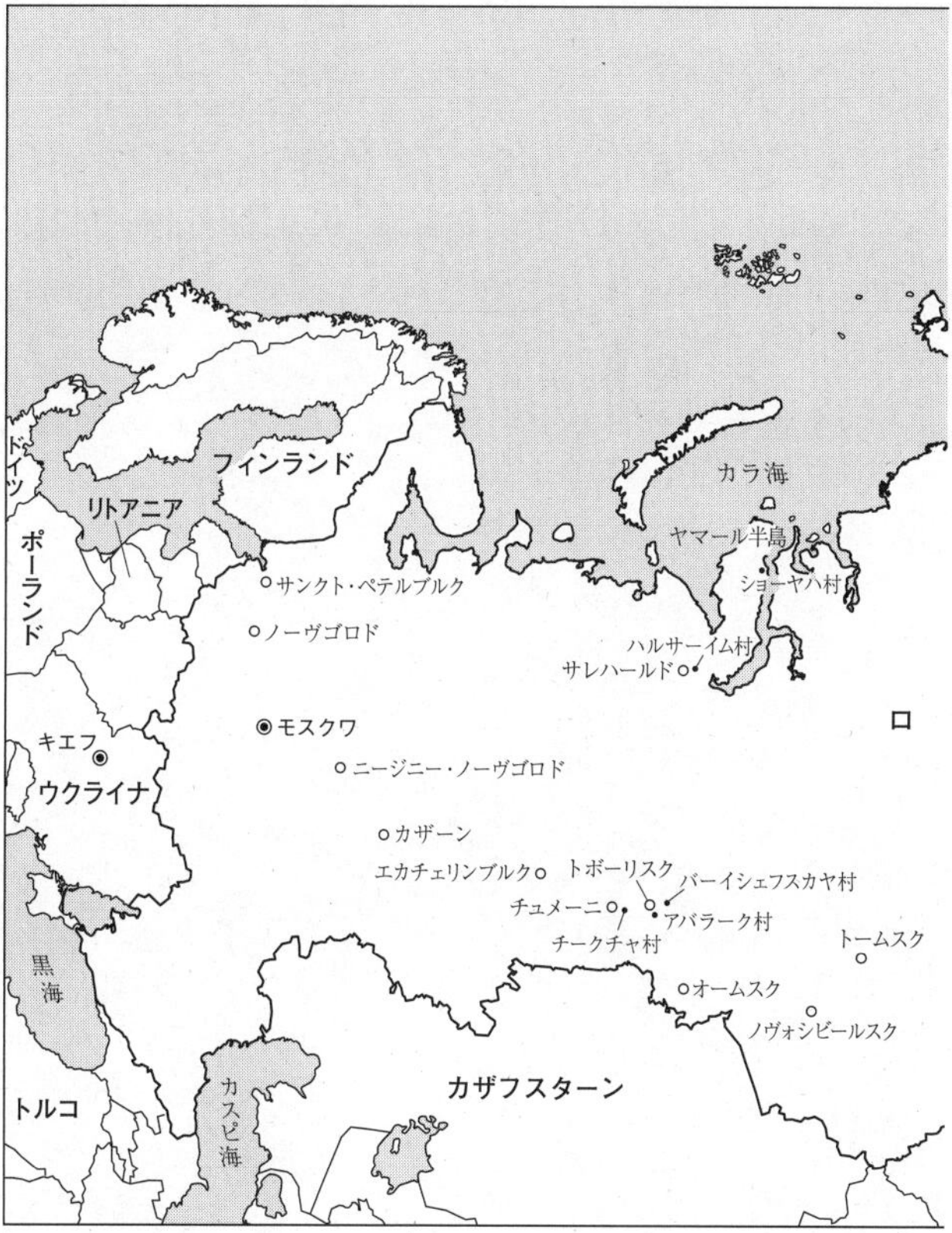

ドイツ
フィンランド
カラ海
リトアニア
ポーランド
ヤマール半島
サンクト・ペテルブルク
ショーヤハ村
ノーヴゴロド
ハルサーイム村
サレハールド
モスクワ
ロ
キエフ
ニージニー・ノーヴゴロド
ウクライナ
カザーン
エカチェリンブルク
トボーリスク
バーイシェフスカヤ村
チュメーニ
アバラーク村
チークチャ村
トームスク
黒海
オームスク
ノヴォシビールスク
カザフスターン
トルコ
カスピ海

序章　「神のやどる地」の伝説

トボーリスクにて

「神のやどる地（жилище Бога）」

こうあがめられているのは、西シベリアにひっそりと佇む小さなアバラーク村である。この名がもつ響きに村への畏敬の念をかきたてられたわたしは、二〇一四年元日にこの神秘的な村を訪問することにした。

じつは「神のやどる地」の存在は、二〇一三年一二月二六日から滞在していたトボーリスク市で偶然に知った。トボーリスクはウラル山脈の東五〇〇キロに位置し、一五九〇年にシベリアで最初の都市に認定された。その後、シベリアにおける軍事的、政治的な拠点となり、さらに商業とロシア正教会の中心地として栄える。一七〇八年には、トボーリスクはウラル山脈から太平洋におよぶシベリア県の県庁所在地となり、「シベリアの門（ворота Сибири）」と形容された。

トボーリスクの人口は九万八〇〇〇人（二〇一四年現在）で、コンパクトな街並みが広がる。市の西側には雄大なイルティーシ川が流れており、川岸の小高い丘にトボーリスク・クレムリン（要塞）がそびえる。シベリアではじめて出現したクレムリンであり、壮麗な白亜の塔と白壁は「シベリアの真珠（жемчужина Сибири）」の名をほこる。トボーリスクのある西シベリア一帯の人口は一四六〇万人（二〇一二年）、民族数は一二〇、別の統計によれば一四〇をかぞえる。西シベリアの面積はロシア全土の一五パーセントを占め、南北に二五〇〇キロ、東西に一九〇〇キロの長さだ。

トボーリスク到着の翌日はマイナス二〇度の厳寒で、クレムリンを散策するわたしの身体はすっかり冷えきってしまった。クレムリンの丘の絶壁から地平線のかなたまで広がる原野を見わたすと、とらえどころのない無力感に襲われ、シベリアを旅することの意味を考えてしまう。クレムリンを背に北東にまっすぐ延びるセミョーン・レーメゾフ通りの左手の建物に小さなカフェーを見つけ、暖をとるために立ち寄った。街中を覆う雪景色のモノトーンと対照的な赤と黒の幾何学模様の壁紙の鮮やかな色彩は、食欲をかきたてる効果があるのだろうか。二〇席ほどの店内に客は二人、ラジオのスピーカーからは耳障りな雑音とともにニュースが流れ、若い男性の店員が暇をもてあましている様子で、スマートフォンをいじっている。

いったい、シベリアに生きる人びとはなににアイデンティティーを求めているのだろ

シベリアの古都トボーリスクのクレムリン

うか。店員に尋ねてみる。不意の問いかけに視線をそらしてしばらく考えこむと、はにかみながらも目に輝きがもどった。

「トボーリスクからやや遠い辺鄙なところに、『神のやどる地』があります。アバラーク村というのですが、わたしたちは神々しい村をシベリアにおけるロシア人のルーツだと思っています。ロシア人の勇敢な先祖たちが、シベリアを切り拓いた最初の地なのです。だれもが一度は訪問したいと思っていますが、交通の便がわるくて簡単に行き着けないのが残念です。たしか日に七便の路線バスが通っていますが、悪天候や車両故障でしばしば運行をとりやめます。村には宿泊施設がなく、村人の家に泊めてもらうしかないのです」

正直にいって、若いかれの返答にあまり期待していなかったので、シベリアにおけるロシアの根源にまでさかのぼる古い話がとびだし、びっくりした。ロシア人にとってシベリアの聖地らしいアバラーク村という地名をはじめて聞いた。ロシア人がシベリアに入植するのは一七世紀初頭であり、それよりもまえは西シベリア一帯はイスラム教徒のタタール人の占有地だった。このイスラムの地に最初に誕生したロシアの村が、アバラーク村というわけだ。いったい、アバラーク村はどこに存在し、どのような暮らしが繰り広げられているのだろうか。俄然、アバラーク村への好奇心がわいてきた。

シベリア植民地化論をたどる

荒漠とした大自然のなかで生きぬくシベリアの人たちの強靱な精神力、さらには自然の急激な変化にも瞬時に適応できる能力の高さは、モスクワなど大都会に住む人びとから称賛されている。他方で、かれらはどこまでも謙虚で素朴であり、理屈よりも感性を大切にするという。経験を積み重ねることで、鋭敏な感性を培っているのだろう。ロシアのなかでもヨーロッパ地域に住むロシア人が一般に刹那的な享楽を求めるのとは対照的に、シベリアの人たちは十分に自己抑制ができるのが特徴といわれる。

ところが近年、日本をはじめ中国やヨーロッパ諸国では、まるでそこで暮らす人々など存在していないかのように、天然ガスや石油などの天然資源の主要な採掘地としてのシベリアが脚光をあびている。これらの国々は、経済発展を持続させるためにはシベリアの天然資源の獲得が重要な政策課題だと明言する。ロシア政府もパイプラインの敷設ルートや資源価格について周辺国と駆け引きを繰り広げ、国際舞台での影響力の拡大をはかろうとしている。

シベリアの資源をめぐってロシア政府と周辺国が交渉し、ときには緊張が高まるなかで、その裁量権をロシア政府が握っていることについては周辺国も疑問をはさまず、交渉相手がロシア政府であるという見解で一致している。両者は、政治の中枢があるモスクワが良くも悪くも、シベリアを「植民地化（колонизация）」していて、シベリアがモスクワに従属していると解釈しているようだ。

ロシア史をさかのぼると、シベリアとの関係はさまざまな観点から議論されてきたが、ロシアによるシベリアの植民地化という議論が本格的に台頭したのは比較的最近、ソ連邦崩壊後である。ソ連邦を構成していた共和国の独立に触発されて、ロシア国内でもチェチェン共和国などのカフカース地方を中心に民族運動が勃発し、シベリア各地でもモスクワからの分離主義や自治拡大の必要性が唱えられた。

「モスクワを食わせるのは、やめよう！（Хватит кормить Москву!）」

こうした激しいスローガンを掲げる社会運動がシベリアで噴きだし、モスクワによるシベリアの植民地化に抗する人びとが現れる。モスクワはシベリアの天然資源を収奪して富を蓄えており、この見返りを還元していないという不満が渦まいた。

ロシアとシベリアの関係は論争的なテーマであり、シベリア併合の評価は時代によって大きく揺らいできた。シベリアの植民地化という響きに近い見方に、「征服（завоевание）」という表現があり、一九一七年のロシア革命のずっとまえのロシア帝政時代に流布した。ただ当時、この征服ということばに否定的なニュアンスは含まれず、ロシア人はシベリア開発の貢献者である、という理解であった。ロシア人は未開のシベリアの大地に都市を建設し、先住民を貧困から救ったという見立てだ。

しかし、この「征服」という文言は、歴史の転換によってまったく逆に切りかえされる。社会主義革命後、ソ連政府は、ロシア人によるシベリア征服は「いまわしいツァリーズム（проклятый царизм）」によってもたらされたもので、シベリア併合に強要があったと決めつけた。つまり、シベリアはロシアに強制的に隷属させられてしまったという見方である。だが、だからといってソ連政府がシベリアを手放すことはなかった。帝政時代に抑圧されたシベリアに住む少数民族にソ連政府が政治的に配慮することはあったが、ほとんどが形式上の見せかけにすぎなかった。

征服ということばの解釈は、このようにロシア革命で逆転してしまったが、第二次世界大戦後にあたらしい意味づけが行なわれる。シベリアの先住民族がロシアに「平和的に、そして自発的に統合（вхождение）」されたという見解だ。ロシア人がシベリアに進出したのは事実であるが、この過程で先住民がみずからの意志にもとづいてロシア人の支配を受け入れたというのである。シベリア併合はシベリア先住民の自発的な行為の結果であり、ロシア人はシベリアの支配者になったが、受け身の立場であって、シベリア住民がロシアへの編入を自分の意志で推し進めたのだという、まるで少数民族がロシア人を支配し、ロシア人は被支配者の立場なのだ、というような分析だ。この捉え方はソ連邦の崩壊後に勢いをなくし、先に述べたようにロシアによるシベリアの植民地化という議論が台頭する。

このようにながい間、ロシアとシベリアの関係は支配・被支配という政治学的な権力関係から考察されてきた。言い換えるならば、シベリアはロシアの領土に属しており、この事実を前提に「ロシアのなかのシベリア」のありようが問われてきたのである。

シベリアのなかのロシア

わたしはトボーリスクを包みこむシベリアの大自然と出会って、これまで知っていたロシアと異なる原風景をまえに思う。茫々たる大地は、どのような存在も無力化してしまう。自然の脅威にさらされると、シベリアに乗り出してきたロシア人さえも価値を問いなおされ、存在理由が相対化されるのではないだろうか。

「ロシアのなかのシベリア」という枠組みでシベリアを理解するには限界があるのではないか。過去を振り返っても同じような押し問答が繰り返されてきた。ロシア人による植民地化か、それとも征服なのか。または自発的にロシアに編入されたのか。ここで思いきってこの構図を逆立ちさせ、「シベリアのなかのロシア」と考えてみてはどうだろうか。あたらしい概念を生み出すよりも旧来の問題設定を反転させれば、すんなりと新境地を切り拓くことができるかもしれない。

シベリアはロシアを吸収するほどのエネルギーを秘めているように感じられる。この「シベリアのなかのロシア」という着想には違和感がなかった。そうなのだ。シベリアに入りこんだロシア人はどのような変容をとげ、逆にシベリアの人びとはロシア人をいかに受容したのだろうか。従来の「ロシアのなかのシベリア」に対峙する「シベリアのなかのロシア」から見える両者の交じり合いと折り合いのつけかた、ときには相克の実態を描いてみたい。

まずわたしは「神のやどる地」というロシア的な色彩が濃厚なアバラーク村を訪問し、シベリアで最初にロシア人が切り拓いた地を神話化する過程を振り返ってみよう。シベリアで特別な輝きを放つロシア人の原点の村で、過去になにが起こったのか、この痕跡をたどることにしたい。そしてアバラーク村のロシア人を見極めてから、これを手がかりにこれまでのシベリア各地への旅をもう一度思い起こして、さらに旅を続ける。そうすれば、かならずしも支配・服従の関係ではないロシアとシベリアのあたらしい営みが浮き彫りになるかもしれない。

もちろん、この試みはかならずしも順調に進むとはかぎらない。欧米諸国との経済交流が盛んになり、日本企業もロシアへの進出が加速化した二〇一〇年のころ、ロシア社会が欧米流の民主化と市場経済を導入するための方策について真剣に議論がなされた。日本でもこの方向に向けて期待が盛りあがっていた。だがこのとき、モスクワに住む旧知の女性は声をひそめて、わたしを突き放した。

「ロシアは、予見できない国（непредсказуемая страна）です。予想もしなかった不思議なことが突然起こったり、ときには人間の悪意で生活がゆがめられたりします。思い通りにいかないことが多く、期待は簡単に裏切られてしまいます。だからあなたはずっと、そんなロシアにびっくりしていくことでしょう」

ロシアには、わたしが容易に理解できない謎がひそんでいることを伝えようとしたのだろう。トボーリスクに滞在中、わたしは奇妙にも彼女の戒めを思いだした。トボーリスク・クレムリンの眼下に広がる未開地をうねうねと流れるイルティーシ川を見ながら、不思議な記憶がよみがえってくる。

第一章　「神の村」へ

アバラーク村の奇跡

ロシアによるシベリア進出

なぜ、アバラーク村は「神のやどる地」という伝説を生んだのだろうか。村が霊妙な姿を露わにするのは、わたしが村を訪問した二〇一四年から四二九年まえに歴史をさかのぼる。ウラル山脈を越えてシベリアを東進するロシア人のイェルマーク率いる部隊は一五八五年、イスラム教徒のタタール人の部隊と激しく交戦し、アバラーク村とその周辺が、両陣営の戦闘の舞台となった。

当時の西シベリアはまだロシア領でなく、タタール人の領地だった。チュルク語系民族に属するかれらが西シベリアの先住民であり、この一帯に一四六八年に、シベリア・ハーン国を建設した。イェルマークの部隊は、ロシア随一の富豪であったグリゴーリー・ストローガノフが雇った私兵（前科者や農奴からなるコサック）から編成されていた。当時、ヨーロッパの商人からのシベリアの毛皮や銀、銅への需要が高まったため、ストローガノフはシベリアへの進出を計画したのである。

タタール人との会戦に先立つ二〇〇年まえから、ロシアに最初に誕生したノーヴゴロド公国の毛皮商人たちはなんどもタタール人との交易を求めてウラル山脈を越えていた。ただ取り引きが盛んになるにつれて、タタール人はロシアの影響力の拡大を懸念するようになる。ロシア側も、タタール人の態度に警戒感を抱き、両者の感情的な齟齬がしだいに表面化していった。このような不信感の増幅という背景があるなかで一五八五年、両者は軍事的に衝突した。戦闘では兵力において劣勢のイェルマークが奇跡的な勝利をおさめる。当初、正式にツァーリ（皇帝）の称号を名乗っていたイヴァーン雷帝はイェルマーク部隊の派遣に反対したが、かれらの勝利の報に大喜びしたといわれている。

イェルマークの戦勝についてシベリアの地理・歴史学者セミョーン・レーメゾフ（一六四二年〜一七二〇年）は、一八八〇年に刊行された『シベリア年代記』に一五四点の挿絵とともに奇妙な記述を残しているという。

「イルティーシ川岸に広がるアバラーク村の戦いで勝利したイェルマークのまえに聖ニコラーイが出現し、村を『神のやどる地』と告げた」

時空を超えた瑞々しい謎を教えてくれたのは、あとで紹介する村人の男性である。レーメゾフはシベリアの地図をはじめて作成した地理学者で、シベリアの歴史家としても高名だ。シベリア各地をまわり、民衆からたくさんの歴史的な証言を丹念に集め、『シベリア年代記』を書きあげた。一九九三年にはトボーリスク・クレムリンに隣接するソフィーヤ広場に、レーメゾフの銅像が設置された。両手に年代記をしっかり握りしめ、顔をシベリアの方向に向ける勇姿は、シベリアに傾倒したかれの心意気を見事に表現している。イエルマークのまえに立ち現れた聖ニコラーイとは、意外にも身近な人物だ。四世紀ごろに小アジア（現在のトルコ）の小さな町でキリスト教の主教として活躍し、多くの貧者や弱者を救済したというほのぼのする姿が語りつがれている。クリスマスにプレゼントを贈る風習は、この聖ニコラーイに由来する。

アバラーク村はロシア・コサック部隊によって占領され、シベリア・ハーン国は一五八九年に滅亡した。ロシア人がシベリアに本格的に進出するのは、アバラーク村の征服から一五年後の一六〇〇年以降のことだ。トボーリスクが整備され、のちに西シベリアの最大都市となったチュメーニ市が建設された。一六三九年にはコサックのイヴァーン・モスクヴィーティンがロシア人としてはじめてオホーツク海に到達し、サハリン島北端にサハリン湾を発見した。シベリアには南北に流れる大河とその支流がいくつも網の目のように入り組んでおり、ロシア人はこれらの川をつたってシベリア東方に進出した。タタール人のような強敵に遭遇することがなく、シベリア各地の先住民と激戦を交わすこともほとんどなかった。こうしてモスクヴィーティンが先鞭をつけたロシアのシベリア進出は、一七世紀半ばにオホーツク海沿岸に町を作り、その一〇〇年後にはカムチャツカ半島に海軍基地を設けた。こうしてロシアはシベリアを併合し、帝国としての地位を築きあげたのである。

シベリアは広義には、ウラル山脈から太平洋岸までの東西約七〇〇〇キロの地域を包括するが、近年では行政上、西シベリアと東シベリア、さらに極東ロシアの三つの地域に区分されることが多い。ハバーロフスク市やウラジオストーク市などの極東地方の住民が、「シベリアっ子」と自称することはほとんどない。わたしの知るかぎり、人びとが「シベリアっ子」と自認する東端はバイカル湖の東方六〇〇キロのチター市であり、ここがシベリアと極東の境界であろう。チターの様相については終章で描写したい。

アバラーク村

レーメゾフの年代記により、アバラーク村はシベリアにおけるロシア人の歴史的な原点として記憶されることになる。ロシア人にとって未開の地であったシベリアが、アバラーク村で切り拓かれたのである。西シベリア平原の一角の落莫たるアバラーク村は、モスクワから直線距離で東に一八八二キロ、ヨーロッパとアジアを隔てるウラル山脈から東の方向に五〇〇キロの位置にある。日本から出発したわたしはモスクワの空港まで一〇時間、国内線の飛行機に乗り換えてチュメーニまで二時間四〇分、シベリア鉄道の支線を走る列車で三時間二〇分をかけてトボーリスクに着いた。さらに、シベリア南部の山岳地帯からシベリア極北に流れる全長四二四八キロのイルティーシ川を右手に見ながら、トボーリスクから東に三一キロの地にアバラーク村はあった。

深い森林に囲まれ貧相な木造の人家が三〇〇軒ほど静けさのなかで並んでいる。トボーリスクで聞いた話では、村には八〇〇人ほどが住んでいるという。どこかシベリア特有の異教的な妖しさがただよっていて、崇高な神秘性に土着的な魔力が混ざりあっており、村人が息をひそめているような気配を感じる。ひなびた田舎とは到底思えない慄然とさせられる雰囲気にわたしは包まれた。人家の陰からだれかが目を見開いて、わたしの動きをじっと追っているのではないだろうか。

異様な静寂をまえに気持ちはすっかり萎縮し、アバラーク村を訪問したことを後悔しはじめた。目前には荒野に点在する人家だけで、村役場らしい建物もなければ、商店や市場、銀行もガソリンスタンドも見当たらない。村人が集まる公共の場は、あるのだろうか。かれらが村を自律的に営んでいるようには見えない。真っ白な氷雪に深く閉ざされ、世俗的な喧騒も繁栄も断ちきってしまったかのような凛然とした気配に声をあげることさえはばかられた。同じロシアにあってもモスクワやサンクト・ペテルブルクの富裕層が煌びやかに贅をきそう生活からまったくかけ離れ、周辺の村からも隔絶されて自分たちの存在さえも消し去っているかのような厳かな空気がはりつめる。それでも村への愛おしさと敬意が生じてきて、魅了された。

アバラーク村を訪ねた日はマイナス二〇度以下の厳寒で、身がこわばった。シベリアの冬季の天気予報に「氷の針（ледяные иглы）」という不思議な用語がある。耳慣れないことばであるが、葉を落とした褐色の枝にそって樹木の水分が細長く凍りついて五ミリほどの厚さの透明な氷が枝を包みこみ、光を反射して針のように見えるのだ。冬のシベリアは、まるで墨絵のようなはりつめた詩情にみちている。古きロシアの面影がしのばれ、帝政時代の農村にわけいってしまったかのような感覚の麻痺に陥った。

アバラーク村を東西に走るガガーリン通りの奥まったところに、ロシア正教会の優美なアバラーク修道院の建物群を見つけた。敷地の中央にあるズナーメニエ寺院の白壁の建物のうえには、濃い青色をベースに金色の天の川と星をちりばめた模様の丸屋根が輝いている。艶やかな色彩は天上の輝きを放ち、まぶしさは天地の境をとりはらっているかのようだ。じっと見入っていると、夢現の境をさまよう心地になった。厳粛な修道院を囲む白い塀の南側には高さ一〇〇メートルほどの断崖があり、足がすくむ。眼下には森林地帯を切り裂くようにイルティーシ川が流れ、生命を育むかのように大きく曲がりくねる姿に自然の脈動を実感する。川向うに視線をあげると、荒漠としたシベリアの大地が地平線まで広がっていた。天の広さと同じだけの広大な地から、川幅一キロほどのイルティーシ川を渡って強風が吹き上がる。風圧に容赦なくあおられ、シベリアの大地のエネルギーと脅威をいやおうなく感じた。

修道院の男性

ズナーメニエ寺院のそばの門をくぐったすぐ左手に、教会が運営する小さな細長い売店があった。村を散歩し、厳寒から逃れるために重厚な木製の扉をあけると、宗教書や十字架のペンダント、ロウソクなどの商品がテーブルのうえに並べられており、奥まったところにひとりの男性が手持ち無沙汰に座っていた。近づいていったところでようやく顔をあげたかれは、耳から顎にかけて無精ひげをはやし、黒ずんだフェルトのコートで身をつつんでいて、一見、世捨て人のように映る。だが、ことばを交わすと、人生に絶望して俗世を捨てることを決心したということでもないらしい。それでも自分の人生が、そしてロシア社会がどうなろうとも動じない心が見てとれる。ヴラジーミルと名乗り、六七歳の独身。アバラーク村が「神のやどる地」となった由来を教えてくれたのは、かれである。黒ずんだ歯をのぞかせて、身の上を語った。

「わたしは、ソ連邦が崩壊した直後の一九九二年一月、ウクライナの首都キエフから村に移ってきました。ロシアとウクライナが分離し、それぞれが独立国家になったことを残念に思っています。当時のウクライナ社会では政治家の権力闘争が激化し、街頭では民衆が民主化を叫び、無法な政治的、経済的な要求を政府につきつけていました。欲望が渦まく世俗社会に見切りをつけ、清楚な生活をおくるためにアバラーク村にきました」

ヴラジーミルはソ連邦の崩壊後、ウクライナの正教徒が信仰心を消失させてしまったと嘆く。社会の民主化というものの、人びとのあからさまな欲求がたがいにせめぎあい、ウクライナ経済は疲弊してしまった。このような凄惨な状況から脱出して「神のやどる地」で心を癒したいと思ったという。ヴラジーミルによれば、ロシアとウクライナには同じ正教徒が住んでいながら、ともに信仰心を失ってしまった。このために、いわば兄弟の関係にあるロシア人とウクライナ人の多くが袂を分かつことになったと振り返る。両国の分裂にたいする諦念が、ことばの端々ににじんだ。そしてアバラーク村に住みついてからは、あっという間の二〇年間だったようだ。

「わたしはこの修道院の一室に身を寄せて生活しており、最低限の衣食住で満足しています。わたしは正教徒ですので、神聖なアバラーク村で暮らすことに生甲斐を感じています。この村には神がいて、わたしを守ってくれています」

ヴラジーミルはいま寺院内の施設で暮らしているが、アバラーク村で余生を過ごすことを心にきめていると人生に明かりを灯す。新年に修道院を訪れる信者はいない。わたしがこの地でイェルマークがタタール人との戦いで勝利したことに話題をふると、伏し目がちに話していたヴラジーミルの表情がぱっと明るくなった。

「神のやどる地」に建つアバラーク修道院

ズナーメニエ寺院縁起

ヴラジーミルは寺院が発行する冊子をテーブルのうえに開き、修道院の歴史をつづる文字を人差し指でたどりながら、読みきかせた。なま暖かくて湿気のこもる店内に、かれのしゃがれ声が響く。

「まずは、ひとつめから紹介しましょう。イェルマーク部隊が村を征服してから五〇年が経過したころのことです。マリーヤ・エギペーツカヤという名前の未亡人が、村で貧しい生活をおくっていました。ロシア人の彼女は一六三六年のある日、ロシアの古都ノーヴゴロドのイコンに由来する生神女《しょうしんじょ》（聖母）の『ズナーメニエ（出現）』と称する教会を、アバラーク村に建設するようにというお告げを聖ニコラーイからさずかりました。アレクセーイ・ティモフェーヴィチ（イェルマーク）のまえに立ち現れた聖人がふたたび、マリーヤ・エギペーツカヤのもとに生神女のイコンと修道司祭とともに出現したのです。使命感にかられた彼女は、教会の建設に向けて邁進しました」

イェルマークが村を征服したあとに簡素な木造のプレオブラジェーニエ教会が建てられたが、焼失してしまっていた。だから本格的な寺院が必要だったところに、聖ニコラーイからの啓示がエギペーツカヤにあったというのだ。ヴラジーミルは、聖ニコラーイがアバラーク村に二度も現れたことを強調した。アバラーク村を、本当に「神のやどる

アバラーク村の伝説を語るヴラジーミル

地」だと信じきっている。どうやら「神のやどる地」では神秘的な光が照らしだす現実と非現実の境目で、幻想的な異変が起こっていたらしい。

ノーヴゴロドはロシア最古の都であり、中世ロシアのイコン制作の中心地だった。北欧のノルマン系ルス族が九世紀半ばに樹立したノーヴゴロド公国では、支配者リューリクを公（首長）とよび、ロシアの起源「ルーシ」となった。こののち、ルーシの拠点は九世紀末、南方のキエフ公国に移るが、ノーヴゴロド公国は一四七九年にモスクワ公国の支配下にはいるまで六〇〇年にわたって存続した。ノーヴゴロドは現在、サンクト・ペテルブルクから電車で南東の方向に三時間の距離に位置し、中世の面影を残す古都として観光客の人気を集めている。

ヴラジーミルの話によれば、アバラーク村にあたらしく建設する寺院にかかげるイコン「ズナーメニエ」の制作にはトボーリスクにあるソフィーヤ・ウスペーンスキー寺院のマトフェーイ補祭長がたずさわったという。かれの名前は当時、西シベリアにおいてイコン画家として知れわたっていた。かれは、一二世紀にノーヴゴロドで制作されたイコン「(生神女の)ズナーメニエ」を手本としたらしい。ロシアのルーツの地にふさわしいイコンというわけだ。

つぎの問題は、寺院の図面をえがく設計者を探しだすことにあった。ロシア正教会に精通していることが求められた。いまでも村で語りつがれているエピソードを、ヴラジーミルは修道院の冊子をめくりながら読みあげる。

「トボーリスク市の郊外に住む農夫エヴフィーミーは、重い病気を患っていました。ある日ひとりの乞食が訪れ、エヴフィーミーにあたらしい寺院の外観図を描くように懇願しました。図面が完成すれば、神はかならず重病から命を救ってくれると告げました。実際に描きあげると、かれは奇跡的に健康を取りもどしました」

エヴフィーミーに貧者を派遣したのはイコン画家のマトフェーイ補祭長であった、とヴラジーミルは微笑む。そして図面の完成後、病の癒えた農夫自身がマトフェーイに届けたというこぼれ話が残る。エギペーツカヤに神の導きがあった翌年の一六三七年、ズナーメニエ寺院が完成し、焼失した教会に替わって、あたらしいロシア正教会が姿を現した。

こうしてアバラーク村には、あたらしい伝説が加わった。どんなに病が重篤に陥っても、アバラーク村の寺院で祈禱すれば、治癒すると民衆は信じている。イェルマークが率いるコサック部隊はタタール軍よりかなり小規模な勢力であったが、劣勢をはねかえして勝利をおさめた。この奇跡の地は、いまでも無病息災の村としても名をはせる。

イコンの里帰り

ヴラジーミルが視線を向ける窓の外、マイナス二五度の真っ白な雪景色のなかにズナーメニエ寺院の鐘楼が陽光を照りかえして輝いている。しばらく沈黙の続いたあと、かれはふたたび冊子のページをめくってもうひとつの奇跡を語りはじめた。ズナーメニエ寺院が完成してから二八年後のことだという。

「一六六五年春先から初夏にかけて、アバラーク村では長雨がつづき、村人たちは凶作を心配していました。かれらの不安を聞きつけたマトフェーイ補祭長が発案し、トボーリスクに住むコルニーリー大主教が使節団をアバラーク村に派遣しました。そして聖職者たちは十字行《じゅうじこう》（крестный ход）を編成し、ズナーメニエ寺院のイコン『ズナーメニエ』をかかげてトボーリスクのソフィーヤ・ウスペーンスキー寺院に向けて歩きだしました。一六六五年六月七日に出発し、トボーリスクまでの三一キロの悪路を一昼夜にわたって歩きました」

十字行とはロシア正教会の聖堂の外で行なわれる宗教儀式で、イコンや十字架、のぼりをもった信者の行列のことである。アバラーク村からトボーリスクまで歩くとなると、イルティーシ川にそって西方向に小高い丘陵をいくつも越えるので、おそらく八時間は要する。西シベリア平原といっても、実際に歩くとかなりの体力を消耗する。ヴラジーミルは、冊子を読む声に力をこめた。

「十字行は翌朝、ソフィーヤ・ウスペーンスキー寺院に着きました。イコンをまえに、ただちに祈禱がはじまりました。祈りが終了すると、不思議なことにアバラーク村の空に低くたちこめていた雲は消え、陽光が大地に降りそそぎました。天気は本格的に回復し、秋の収穫期に向けて穀物、野菜、植物は急成長しました。こうして村人は、深刻な飢饉からまぬがれることができました」

ヴラジーミルは当時の村人の歓喜を想像して破顔一笑する。郷愁にかられたイコンの因縁のようにも思えるが、このような勘ぐりはかれにとって邪推にすぎないようだ。この伝説は三五〇年まえの一大事であるが、アバラーク村では近年、十字行がよみがえっている。毎年六月八日に「ズナーメニエ」をかかげる十字行が、一日かけてトボーリスクに向かう。この伝統行事はソ連時代に途絶えていたが、プーチン大統領が就任した二〇〇〇年に息を吹き返した。プーチン政権下でロシア正教会の古い宗教儀式が本格的に復活しており、この波はシベリアの小さな村にまで押し寄せているのである。

消えたイコン

ここでヴラジーミルは冊子を閉じて、表紙のうえで両手を組んだ。深いため息をつき、表情に苦悩がにじむ。「神のやどる地」で、なにか暗澹たる悲運が起こっているようだ。黒ずんだ頬に涙が流れた。

「イコンが毎年六月、トボーリスク市に里帰りしていると言いました。じつは、このイコンは本物ではありません。修道女アヴグースタの手による模写なのです」

なんと、本物は消失してしまったのだろうか。イコンはアバラーク村の人びとだけではなく、シベリアっ子の宝に違いないのに。驚くわたしに、ヴラジーミルは不幸なイコンの身を哀しむ。

「ロシア社会主義革命後の社会的な混乱のなかで、わたしたちの悲劇が起こったのです。一九一九年にイコンが略奪される危険性がアバラーク村に迫ってきました。赤軍が同年五月にウラル山脈を越えてシベリアに進出し、西シベリアに陣取る旧軍提督のコルチャーク率いる部隊が劣勢となります。戦闘が激しさをますなかで、メフォージー主教はイコンをコルチャーク部隊の協力をえてオームスク市にこっそりと運びだしたのです。教会が破壊されれば、著名なイコンですので、盗まれるかもしれません。当時の資料が残されていないのでくわしいことはわかりませんが、イコンはイルティーシ川をのぼる船に隠されたようです」

ソ連政府がロシア正教会の大規模な破壊に着手するのは一九二〇年代後半からであり、三〇年代には八五パーセントの寺院や修道院が壊されたといわれている。だがその一〇年まえの早い段階で、アバラーク村のイコンは避難したのである。

オームスクはイルティーシ川の上流、南東に四五〇キロの距離に位置し、イコンが無事に着いたという知らせがアバラーク村の人びとにもたらされたという。ただオームスク市内のどこの施設に保管されたのか、さらにオームスクからどこかの町に運びだされたのか、所在の詳細はまったく確認されていなかった。ヴラジーミルの話では、イコンはシベリアを経由して上海に運ばれたという情報がある一方で、なぜかオーストラリア国内に存在するという噂もささやかれていた。行方は錯綜しているが、アバラーク村にシベリアや外国にイコンを探しにでかける金銭的な余力のあるひとはいない。

シベリアの天使

わたしは二時間にもおよぶヴラジーミルの妖しくも魅力的な物語を堪能した。かれの口から繰りだされる数々の謎めいた話には崇高な迫力が感じられ、信憑性をただすのを躊躇するほどに、その語りは独特で重厚な響きをもっていた。うす暗く湿気のこもる、壁越しに村人の亡霊が耳をそばだてて聞いているかのような一室で、人知のおよばない不可思議な昔話を聞いたのだった。

かれの案内で修道院の敷地を散歩した。ズナーメニエ寺院、一七四八年に建立されたニコラーイ寺院、さらに一七五二年に完成したマリーヤ・エギペーツカヤ寺院の三つの建物が寄り添うように並んでいる。アバラーク村と深い関係のある人びとの名を冠した寺院ばかりだ。敷地内をゆっくり歩いていて片隅に木造の塔を見つけた。その先端にそびえる天使像は、まるで天空に向けて威光を発しているようだ。天使像にもいろいろな姿があるが、アバラーク修道院の像は背中に二枚の羽をつけ、両手で細長いラッパを吹いている。ヴラジーミルに尋ねると、かれの声がはずんだ。

「あれは『シベリアの天使』です。一六世紀以降、探検家はこの地からシベリアに向かい、わたしたちはシベリアを知ることができました。ロシアによるシベリア併合の起点は、アバラーク村にあるのです」

かれの説明によれば、塔は一六三七年にズナーメニエ寺院が建設された当時の面影を残しており、歴史的な記念碑なのだという。天使像の横に村に抜ける修道院の裏門があり、ここでわたしはヴラジーミルと別れることにした。わたしがお礼のことばをかけると、ふと俯いたかれの表情に鳥の影が射しこんだ。

「イコンの所在について、あなたが偶然になにか情報を知りえたときにはかならず教えてください。わたしは生きているあいだに、実物に会いたいのです」

そして、かれはこう結んだ。

「あなたに、神様の庇護がありますように！（Бог с тобой!）」

皇帝の最後の祈り

「神のやどる地」のアバラーク村は、ロシアのシベリア併合の端緒をひらいたところである。その後、ロシアは領土を東方に拡張し、他方で現在のウクライナやベラルーシの土地を統合する。このように国土を東西に拡大したロシアは帝国に生まれ変わり、歴代の皇帝はヨーロッパ列強に向けて巨大な政治権力を誇示した。ヨーロッパの強国のひとつとなったロシア帝国に、いまでもロシア人の多くが愛国心を抱く。

だが二〇世紀に入ると、ロシア社会は転換期を迎える。日露戦争の敗北のあと、ロシアは第一次世界大戦の怒濤の渦に巻きこまれる。社会不安が深刻化し、民衆の不満が噴きだした。首都ペトログラードで一九一七年に二月革命が勃発、三月三日に臨時政府の樹立が宣言され、翌日に皇帝ニコラーイ二世の退位勅書が公表された。皇帝は退位を求められ、三〇〇年にわたって存続したロマノフ王朝は幕をおろした。

追放されたニコラーイ二世は同年八月六日から八カ月間、妻と五人の子どもとともにトボーリスクで過ごした。皇帝一家が向かった先は、ロシア帝国の礎を築いたシベリア県の中心都市だったのである。家族が身を寄せた建物は、市の中心にそびえるクレムリンをみあげる下町にあった。もともとは、商人のイヴァーン・ククリーンの屋敷であり、市内で最初に建設されたアールヌーボー様式の石造りの建物だ。この屋敷に皇帝一家が住むことになった経緯は明らかではないが、皇帝家族は二階に住み、一階には食堂と召使の部屋が配置された。家族はトボーリスクに滞在中、外出が禁止されたが、それでも平常心を保ち、質素な生活をおくっていたと語られている。

じつはアバラーク村の民話をわたしに物語ってくれたヴラジーミルによれば、ニコラーイ二世の家族は旧ククリーン邸に到着するまでのあいだ、客船「ルーシ号」をイルティーシ川に浮かべ、トボーリスクとアバラーク村のあいだを航行しながら悲嘆の時を過ごした。そして、そのさいにアバラーク村に立ち寄り、驚くことにズナーメニエ寺院で祈禱しているというのである。

「神のやどる地」として民衆から崇められ、いくつもの奇跡を起こしてきたアバラーク村の寺院で、ニコラーイ二世はロマノフ王朝の復活を祈願したのかもしれない。アバラーク村にひそむ超自然の力や神による救済で、皇帝権力が盛りかえすように祈ったことであろう。国内の反体制派を容赦なく弾圧したイメージの強い皇帝であったが、その反面で信仰心が篤かった。かれがアバラーク村を訪問した心の内をロシア人の歴史家たちは見過ごしてきたが、この意味するところは意外と深い。ロシア帝国とはどのような国家だったのか、この真髄を見極める訪問だったようにわたしは思う。一八三三年に最初に誕生するロシア国歌の導入部の歌詞はこうだ。

「神よ、ツァーリを護りたまえ！（Боже, Царя храни!）」

ニコラーイ二世はアバラーク村でなんども口ずさんだに違いない。この高らかなフレーズは、ロシアは神とツァーリの三位一体の国家体制であることを宣言している。ニコラーイ二世は自分の退位というロシアの悲劇に通じる重大な局面に遭遇し、イェルマークに奇跡的な勝利をもたらした「神のやどる地」で最後の復活を神に求めたのだろう。

だが、皇帝の願いは成就されなかった。十月革命後に発足した人民委員会議と全ロシア中央執行委員会の決定を実行するため、一九一八年四月、ヤーコヴレフ全権人民委員がトボーリスクに到着した。かれは、ウラル山脈の南に位置するエカチェリンブルクにニコラーイ二世と家族を送致する任務を担っていた。トボーリスクから西に五八〇キロの都市だ。皇帝一家は、シベリアから連れ戻されてから三カ月後の七月一七日に銃殺された。皇帝の悲劇は、アバラーク村の敬虔な人びとのあいだでいく度も語りつがれるうちに村の風景に織り込まれ、大地に染みついていったのだろうか。

シベリア・タタール人との出会い

「最後のロシア皇帝がアバラーク村で殺害されなかったことを、わたしたちは誇りに思っています。『神のやどる地』は、ニコラーイ二世を殺さなかったのです」

ヴラジーミルと別れて、ズナーメニエ寺院の裏門を出て右手に曲がった路上で、わたしは一人の女性を見かけた。雪と氷で固められた真っ白な道路を踏みしめるようにゆっくり歩いて近づいてくる。彼女とことばを交わすと、五〇代でナターリヤと名乗った。両手に重い荷物をかかえており、親戚の家に向かう途中だという。わたしが唐突に、ニコラーイ二世がアバラーク村を訪問したことについて尋ねると、彼女は安堵の表情を浮かべる。

「アバラーク村は神聖なところであり、しかもロシア帝国の繁栄をもたらした原点です。ニコラーイ二世が村に立ち寄った心情を、わたしはとてもよくわかります。トボーリスクで心静かに人生の最後のときを過ごすことができたのは、アバラーク修道院で祈禱したからです。きっと、なにか神のお告げがあったことでしょう」

自分たちの村で奇跡の復活を祈願したニコラーイ二世の人となりをナターリヤはおしはかり、皇帝がアバラーク村で銃殺されなかったことに愁眉をひらく。「神のやどる地」がロシアの悲劇の場所として汚されてしまうわけにはいかないというたおやかな美しさがことばの端々から伝わってきた。ロシアの最後の皇帝に同情する彼女の目には、聖なる輝きをます雪の白さが反射している。彼女の心情に感嘆しつつも、わたしにひとつの疑問がわいた。彼女の顔を見ていると、どうもロシア人とは思えない。

「わたしはナターリヤというロシア人の名前ですが、じつはシベリア・タタール人です。ロシア人が入植するまえから祖先はアバラーク村に住んでいましたから、わたしは土着のタタール人の家系です。本来はイスラム教徒であり、家族の風習はイスラム教にもとづいています。アバラーク村にはイスラム教の施設はありませんので、トボーリスクに

アバラーク村に住むタタール人のナターリヤ

買い物にでかけたさいに郊外のモスクに立ち寄っています。でも、アバラーク修道院でも祈禱しています」

わたしは、彼女の話に驚愕した。まるでわたしたちの既成概念を打ちくだくような迫力だ。わたしが彼女をロシア人だと思いこんだのは、ニコラーイ二世がアバラーク村で死をとげなかったことを喜び、村をロシア帝国のルーツだと誇る発言をしていたからである。敵対するはずの民族の壁を乗り越えて故郷の過去を慈しむ姿は、感動的だ。ナターリヤによれば、自分はタタール人女性に典型的な大きな丸顔なのだそうで、顎から口元にかけてふっくらと丸みをおびている。この丸さが、ロシア人の顔との決定的な違いらしい。ただ同じタタール人でも、ウラル山脈の西方に住むカザーン・タタール人よりも全体的に丸いのがシベリア・タタール人の特徴らしい。タタール人については、次章でくわしく紹介しよう。

ナターリヤがタタール人であることにわたしは驚いたが、それにもまして不思議なのは彼女が「神のやどる地」にイスラム教の施設がないためにべつの村で礼拝しているということだ。まったく予期しない二重信仰を告白されて、わたしは狼狽した。ロシア正教徒が同時にシベリア原始宗教も信仰する話は聞いたことがあるが、イスラム教徒がロシア正教会に通うというのは初耳である。わたしは、彼女の寛容性に深く感銘を受けた。

ロシア正教会はキリスト教であり、世界情勢をみればキリスト教とイスラム教の対立が民族紛争の原因になることが多い。両者が妥協するのはとてもむずかしく、信仰上の対立は経済的な利害対立よりもいっそう残酷な戦闘にまでも発展しがちである。というのも、経済対立といっても所詮、当事者はたがいに利害依存関係にあるため、相手を殲滅すれば自分の利益も大きく損失させることになるからだ。だから真剣に戦いながらも同時に、ほどほどのところでの妥協点を模索する。これとは対照的に、宗教対立は正義をかけた戦いになってしまう。相手との妥協は悪と手を結ぶことを意味し、だから結果的に信仰上の対立は取り返しのつかない事態にまで至るのである。

アバラーク村には八〇〇人が住んでいるが、ナターリヤによればロシア人とタタール人の割合は半々だという。わたしは「神のやどる地」はロシア人の村に変貌し、先住民のタタール人は追放されたと決めてかかっていた。ロシア史の研究でも、ロシア人に迫害されたタタール人というイメージがしみついている。たしかに少数民族のタタール人はロシアで差別されることがあったが、この点だけに目がいってしまうと、ロシア人としたたかにデュエットを奏でるタタール人の意外な姿を切り捨てることになる。

イェルマークの部隊がアバラーク村を征服し、ロシア人の流入とともにロシア文化が浸透したが、どうやら先住民のタタール人は住み続けてきたようだ。征服者のロシア人は、かならずしも異教徒を追いはらわなかった。わたしの想像では、両者のあいだには感情的な軋轢があるかもしれないが、それでも共存をはかることにつとめているのだろう。ここに至って、わたしがアバラーク村に着いたときのロシア的な単色の佇まいという印象はすっかり消えうせてしまった。

村を覆う雪の水分が陽光に反射して多面体の輝きを発するように、タタール人もロシア人もそれぞれに発する光をさまざまな角度に分散させながら生き延びてきたのだろう。ロシア人によって征服された地で、タタール人は先祖からの宗教や風習を堅持しながら、他方でロシア人との微妙な距離をすり足の感覚ではかってきた。ロシア人を相手に真っ向からの対立を巧妙に回避し、自分たちのイスラム文化を固く守ったに違いない。

わたしはナターリヤとの偶然の出会いをきっかけに、タタール人の生きかたに興味を抱いた。アバラーク村から帰国後、タタール人を本格的に探る旅に出発することをきめた。

シベリアこぼれ話―1

大公女アナスタシア伝説

「神のやどる地」と称されるアバラークの修道院で、ロマノフ王朝の復活を懸命に祈願するニコライ二世。はたして皇帝の願いは、かなったのだろうか……。

ニコライ二世には、四人の娘と一人の息子がいた。彼らはロシア革命後の一九一八年四月にトボーリスクからウラル山脈南部のエカチェリンブルクに移され、建築技師イパーティエフの館に幽閉された。当局の説明では、皇帝一家の安全をはかるためだったという。皇帝の家族は外界から厳重に隔離され、外の風景を見ることも許されなかった。苦境にあえぐ家族を励ましたのが、末娘アナスタシアなのだ。

彼女は一九〇一年生まれ、当時一七歳だった。少し赤味をおびた黒髪、淡青色の目が印象に残る少女で、ユーモアを解し、天性ともいえるコミカルな言動でみんなを笑わせるのが大好きだった。身長は一五六センチと低く、ずんぐりした体型だったので、家族の間では「おでぶちゃん」と呼ばれ、愛された。

皇帝一家と五人の側近（医師や料理人など）に、一九一八年七月一七日の深夜から翌朝にかけて、悲劇が起こった。住居の地下室で、全員が一斉に銃殺されてしまった。その直前、大型トラックが建物の脇に横づけされた。銃声を打ち消すために、エンジンの爆音が響いた。

皇帝夫妻はすぐに絶命したが、幸いにも生き残った子どもがいるという噂が地元民の間で囁かれた。コルセットに縫いこまれたダイヤモンドなどの硬質の宝石が、いわば防弾チョッキのように銃弾をはじいたといわれた。

じつは、九死に一生を得たのがアナスタシア大公女らしい。彼女の生存説はロシア国内だけではなく、欧米諸国にまで広がった。その後、ヨーロッパ各地で三〇人ほどのアナスタシアを名乗る女性たちが出現した。

もっとも有名になったのが、アーンナ・アンダーソンという名の女性だ。彼女は、一九二〇年にベルリンの運河に身を投じたものの、奇跡的に救出された。だが彼女は自分の名前も家族のことも忘れており、精神病院に収容された。ところが少しずつ記憶を回復し、家族の悲惨な事件を正確に証言するにいたった。驚くことに銃殺に立ち会った兵士の一人が、負傷した彼女を地下室からそっと救出してくれたと打ち明けた。

それから七七年が経過した一九九七年、アニメ映画『アナスタシア』がアメリカで公開された。アーンナ・アンダーソンは、殺害されたはずのアナスタシア大公女であるかもしれないという伝説を主題とした。さらに二〇一七年にはブロードウェイで上演され、二〇二〇年三月には日本でも公演された。二〇代の女性で埋めつくされたホールでわたしは観劇して、つくづく思った。

アバラークの修道院でのニコラーイ二世の懸命な祈りが、せめてアナスタシアには生き延びていてほしいという伝説を生んだのではないか。絶望のロマノフ王朝に、わたしは一筋の光明を見た。

第二章

イスラム教徒の村を訪ねて

シベリア・タタール人とイスラム過激派

西シベリアのタタール人があゆんだ道

西シベリアのタタール人とは、どのような人たちなのだろうか。あわせてイスラム教を信奉するようになった経緯も探ってみたい。かれらはシベリア・タタール人とよばれているが、ウラル山脈の西方に目を向けるとカザーン・タタール人、ヴォールガ・タタール人、そしてロシア南部のアーストラハン・タタール人、クリミア・タタール人などが広範囲に分布し、それぞれの地域で独自の文化や歴史を形成してきた。歴史を振り返ると、キエフ公国の滅亡後の一三世紀半ばから一五世紀後半にかけてモンゴル人がシベリア南部から隣接の中央アジア地域、さらにはロシア南部にかけて支配し、キプチャーク・ハーン国を建設した。域内のウズベク人、カザフ人、キルギス人、バシキール人、さらにアゼルバイジャン人、トルコ人がタタール人と総称され、チュルク系諸民族の最大のグループをなした。タタール人をロシアでは広義にチュルク系を中心にツングース系（シベリア東部から極東にかけて広がるツングース諸語を話す民族）の諸民族まで含めることがあるが、ロシア以外の国々では狭義にモンゴル族のなかの韃靼人《だったんじん》を指すことが多い。

タタール人は一様にイスラム教を信仰するが、西シベリアにイスラム教が本格的に流入した時期と経路については定説がない。ある説は、一三九四年ごろにイスラム教の高僧が中央アジアから到来したさいに彼が率いる兵馬が先住民と交戦し、負傷したイスラム教徒が居残り、その後の伝道師の進出を手助けしたと主張する。他方で、イスラム教徒が来訪するのはクチューム・ハーン国が権力を掌握した一五六三年以降のことで、ウズベキスターンから伝道師を招き、先住民のイスラム化をはかることで安定した社会秩序を形成するねらいがあったとの異説を唱える。そもそも中央アジアからの伝道に否定的な立場から発言する人たちは、トルコのイスラム文化の濃厚なカザーン・ハーン国から入ってきたと別の説をたてる。これら三つの言説が交錯しているが、ここで指摘しておきたいのはロシア正教会が本格的に浸透する一八世紀に先立ってイスラム教がシベリアに流布していたことである。

シベリアでイスラム教が優勢だったのとは対照的に、ロシア・ヨーロッパ地域ではピョートル一世が近代化に着手した一七二一年、ロシアは正教国家へと変容していく。ロシアの宗教分布を俯瞰すると、イスラム教とロシア正教会に二分された。この構図を解消するために、エカチェリーナ二世はイスラム教徒への懐柔策を模索し、一七八八年九月二二日、ウラル山脈の西方のウファー（現在のバシコルトスターン共和国の首都）に「オレンブールク・イスラム宗務局」を開設する勅令を発表した。宗務局はイスラム教徒を束ね、この統一組織をとおしてイスラム教徒は既存の体制に組みいれられたのである。イスラム教徒をロシア国家に吸収するための奇策であり、ロシアは正教国家を標榜する一方で、異質な宗教を内包することになった。一八八九年にはイスラム教徒は三四〇万人、ロシア総人口の一〇・八パーセントに達した。

一九一七年のロシア革命後、ロシア正教会が迫害されるのとは逆に、ボリシェヴィキ政権は一時的にイスラム教徒に向けて社会主義国家建設への参加を訴えた。かれらにソ連人としての自覚をうながしたのである。ロシア帝政国家を「諸民族の牢獄」と非難し、イスラム教徒が多数を占めるバシキール、タタールスタン、トゥルケスターンを自治共和国に格上げした。二〇年九月一六日に開催された「全ロシア・イスラム教徒大会」において新設の中央イスラム教宗務局指導部が旧来の「オレンブールク・イスラム宗務局」を継承することを決定したが、様相は少しずつ変容しはじめる。二五年に宗教活動はモスクのなかに限定され、礼拝できるのは一四歳以上という年齢制限が加えられた。

しかし第二次世界大戦が勃発すると、スターリンは祖国防衛を最優先課題にすえてロシア正教徒だけではなくイスラム教徒にも協力を求めた。宗教者に譲歩し、四〇年代後半にはイスラム教徒のメッカ巡礼が許された。世界大戦で精神的な打撃を受けたイスラム教徒が、宗教に救済を求めたという背景があるにせよ、社会主義思想の欠陥が露呈してしまった。

モスクの破壊に抵抗したチークチャ村

イスラム教徒がいかに翻弄されてきたのか、かれらの境遇を簡単に振り返ったが、フルシチョフ政権下の一九六〇年代に状況は急変する。無神論キャンペーンが社会を席巻し、イスラム教徒は迫害という苦難の時代を迎えた。この逆巻く怒濤の時代を最後まで生き延び、タタール人が慈しんだモスクが西シベリアの村にあることをチュメーニ市でつきとめた。さっそく訪ねてみることにして、二〇一四年五月一六日に出発、村の出身者で四〇歳のイスラム神学者のファティーフ・ハズラートが同行してくれることになった。

チュメーニから東に三九キロ、車で一時間の距離にチークチャ村はあった。モスクを中心に形成されたタタール人の典型的な村で、人口は一一〇〇人。ハズラートの説明によれば、ロシア人がシベリアに本格的に進出する二〇〇年ほどまえの一五世紀後半に村が誕生した。タタール人の心にチークチャ村はいわば聖地として刻印され、宗教弾圧に抵抗した村人を称えている。小さな平屋建てのモスクは村を東西に結ぶムースィ・ジャリーリャ通りに面し、壁の薄い青色が紺碧に近い大空の色に比して弱々しく映る。でもこの愛おしさの背後に、ソ連政府の弾圧に激しく抗したイスラム教徒の強靱な信仰心がいまでも息をひそめているように感じられた。ハズラートは長身の背筋をピンとのばし大声で、ソ連政府の強硬政策に抵抗した村人の気概を示す。

「危機的な状況が村に差し迫るなかで、あまり熱心でなかった信者までもまじめにモスクに足を運ぶようになりました。人びとは果敢にモスクを守ろうと団結し、さまざまな政治圧力をはねかえしました。地元当局は、イスラム教徒の熱狂的な信仰心に驚いたようです」

西シベリア一帯のモスクがつぎつぎと閉鎖され、礼拝所から締め出されたイスラム僧はイスラム教徒の個人宅に身を隠したり、食料や医薬品などの生活支援を受けたりした。放浪する僧にとってチークチャ村は、いわば信仰の砦となった。ハズラートの顔が突然、怒りの形相に変わる。

「一九六二年以降、当局はモスクの真向かいの建物に監視員を配置し、礼拝に訪れた村人の氏名と日時を記録しました。危険人物のリストが作成されたようです。その一方で、共産党活動家が村にたびたびやってくるようになりました。それまで、イスラム教徒は党委員会に呼びつけられたり、職場のソフホーズであからさまな非難をあびたりしてきましたので、かれらの来訪にびっくりしました。党活動家が村の施設で住民にご馳走したり、ときには広場で音楽コンサートを開催したりして、懐柔策に転じたのです。でも村人は党の意図を見抜き、誘惑にひっかかることはありませんでした」

当局はイスラム教徒を揺さぶり、結束する村人のなかに亀裂を生みだそうとしたのだろう。強硬派のイスラム教徒をあぶり出し、孤立させることでモスクの閉鎖がスムーズに進むように画策したに違いない。ブレジネフ政権が発足した一九六四年一〇月、モスクの閉鎖が強行された。ハズラートがいまではモスクのシンボルだったミナレット（尖塔）を失って郷土館になった建物を指さして声を荒らげていると、男性がかけつけてきた。ハズラートの同級生で、モスクが破壊された日のことを鮮明に記憶していると息巻く。村民の高齢化にともない貴重な歴史の語り部が少なくなっていることを嘆き、わたしの訪問を「幸運な出会いだ」と白い歯を見せた。ハズラートよりも一〇センチほど背が低い小柄な男性は、小学校四年生だったときの当日の騒動をこう証言した。

「わたしはその日、ふだん通りに登校しました。すると、ロシア人の先生が満面の笑みを浮かべて『きょうは、すばらしい祝日です』と告げました。両親からそのような話を聞いていませんでしたので、なんのお祝いなのか、まったく理解できませんでした。授業は行なわれず、ピオネールの鼓笛隊が編成され、わたしは太鼓をたたく役割を言いわたされました。わたしたちはピオネールのユニフォームに着替え、スカーフを巻き、村中を演奏しながら歩きました。モスクのまえに到着すると、ミナレットが撤去される日だということをはじめて知りました。というのも、大人たちが『共産主義建設、万歳！』、『イスラム教は不要だ！』と叫んでいたからです」

スローガンを叫んでいたのは、ほかの村から動員されたロシア人の共産党員だったと口を尖らせる。ピオネールとは、一九二二年に設置された一〇歳から一四歳までの子どもたちが加入した共産党組織であり、男子は白いシャツに青いズボン、女子は白いブラウスに青いスカートを身につけ、男女とも赤い三角のスカーフを首に巻いていた。男性はソ連の政治闘争に子どもたちが巻きこまれたことに憤り、ハズラートが説明を加えた。

「村のマヤコフスキー名称ソフホーズに開設されていた共産党初級委員会が、モスクの破壊を決定しました。トップの党書記が実施計画を練り、ソフホーズの所有する農業用トラクターが用いられました。当日、モスクの近くの農場でトラクターの運転席に座っていた作業員は突然、破壊行動を言いわたされました。かれの両親は熱心なイスラム教徒でしたので、『モスクを壊すことはできない』と抗議したようです。そして運転席から逃げ出してしまったので、べつの村人が運転席に座らされて決行されました」

モスクの破壊にソフホーズのトラクターが転用されたことに、わたしは驚いた。年々強まる無神論キャンペーンに不安をつのらせるイスラム教徒がふえるなかで、当局者は信者の一人に実施を命じた。村人たちが内部で反目しあうことをねらったのかもしれない。あるいは党幹部はみずから直接に手を染めるとイスラム教徒の呪いの的になり、霊魂に祟られることに恐怖心を抱いたのかもしれない。

「屋根にはりっぱなミナレットが据えられ、天辺にはヒラル（三日月型）が取りつけられていました。トラクターがモスクの脇につけられ、作業員が屋根にあがり、ミナレットの底辺を大きなのこぎりで切りはじめました。ミナレットにロープを巻き、トラクターで引っ張り、引きちぎろうというのです。たくさんの村人が抗議に駆けつけ、怒号や悲鳴が飛びかい、泣き声も聞こえましたが、緊迫するなかでエンジン音をうならせながら作業は続行されました。後片付けをするゴミ収集車は、モスクまでたどり着くことができませんでした。ミナレットを失ったモスクを見つめる老人たちが、途方にくれながらも懸命に礼拝をはじめました」

当時の生々しい様子を思い起こすハズラートの目は真っ赤だ。小さな村で繰り広げられた衝撃的なせめぎ合いは村人にとって身もだえするような光景であったが、この様子がニュースとして報道されることも、史実として文書に記されることもなかった。村人たちの慟哭は、記憶の彼方にしまいこまれたのである。

「精神的な苦痛に耐えながら、人びとは帰路につきました。それほど喪失感が大きかったのです。イスラム教は信者一人ひとりの心のなかで生き続けることになり、この時点でソ連体制に見切りをつけました。当局に加担した運転手は人びとから恨まれ、激しく罵られ、苦しみから逃避するために酒浸りになりました。体調を崩しても、だれもかれを介抱しませんでした。かれは二カ月後、『恥ずべき死（позорная смерть）』をとげました」

めまぐるしい展開のすえに破壊に手を貸した人物の名前をハズラートも同級生も明かすことを拒み、わたしは遺族の心情を聞きだすことはできなかった。同胞意識がつよいイスラム教徒であるがゆえに憎悪が増幅し、激しい非難にさらされた末のかれの死は本当に痛ましい。信仰の場のモスクを失ったのも、その破壊に手を貸したのも同じ村のイスラム教徒であり、この点において両者はともにソ連政治の犠牲者といえるのかもしれない。

では、モスクはどのような姿に変わったのだろうか。ハズラートのよこに立つ同級生の腹立ちがおさまる気配はない。

「モスクが閉鎖されたあとはしばらく放置されていましたが、一九七〇年に商店に様変わりしました。イマームが説教していたミンバル（階段のついた説教壇）のうしろの壁が打ち抜かれて入口になりました。洋服や日用品が販売され、村人の日常生活に欠かせない場所になりましたが、わたしたちは過去の惨事を忘れることはありませんでした。二〇年にわたって商店として利用されましたが、雨漏りが激しくなったためにソ連末期に閉鎖されました」

商店に生まれ変わった建物を、地元当局が定期的に修繕することがなかったとはあきれる。ハズラートと同級生の男性は通りすがった老女とことばを交わしはじめたので、わたしは苛烈な痕跡を残す建物の周囲をぐるりと一回りした。わたしが村を訪問した五月中旬の夕方は、気温が五度まで下がる。時計の針は午後七時をまわっているが、周囲はまだ明るい。芽を吹いたばかりの白樺の薄緑の葉が春風に舞っており、その可憐な姿に厳冬を耐えぬいた樹木の生命力を感じていると、わたしにハズラートが不意に声をかけてきた。

「モスクから切り落とされたミナレットとヒラルですが、村のはずれにある墓地に保存されています。いっしょに見にいきましょうか」

モスクから一キロほど離れた墓地に歩いて向かった。カラマツが空に向けて延びており、墓地をすっぽり包みこんでいる。敷地は鉄柵で囲まれており、入口に近い柵にミナレットとヒラルがしっかりと固定されていた。これらを村人に引き渡すというのが、両者が最終的に折り合いをつけたぎりぎりの産物だったのかもしれない。当局者は村人との全面対立を回避し、イスラム教徒も犠牲者をふやしたくなかったのかもしれない。

ところで、西シベリア一帯のモスクはチークチャ村の悲劇よりもまえに打ち壊されたり、ミナレットが倒されたりしたが、チュメーニ市の東二〇キロに広がる三五〇〇人が住むエムバーエヴォ村のモスクは石造りで頑丈だったので、礼拝所としての機能は封じられたものの、建物もミナレットも原形を維持できた。村人の男性ファトフゥーリン・マフトゥートは、五月一八日に訪問したわたしをモスクのなかに迎えいれてくれた。礼拝する広い部屋には絨毯が敷きつめられており、このうえでイスラム教徒は平伏する。偶像が否定されているので祭壇や像はなく、カーバ神殿の方向を示すミフラーブ（壁龕《へきがん》）とミンバルが正面に据えられているだけだ。

銀縁の眼鏡をかける五〇歳のマフトゥートは「ハジー（メッカに参詣したことのあるイスラム教徒）」だと誇りながらも、ソ連時代のモスクに話題をふると途端にうつむき、忸怩

墓地に保管されたミナレットとヒラルの経緯を説明するハズラート

エムバーエヴォ村に建つ石造りのモスク

たる思いを吐露する。

「モスクは一九五七年に閉鎖に追い込まれました。共産党委員会は金具をミナレットに埋めこみ、鎖をとおしました。トラクターはエンジンをうならせながらなんども引っ張るのですが、びくともしませんでした。最後にはエンジンが過熱し、トラクターは動かなくなりました。石造りのミナレットは簡単に潰すことができなかったのですが、ロシア史のページを一枚めくると、こんな恥ずべき話はいっぱいあります」

閉鎖されたモスクは乳製品工場に改築され、周囲に散在していた農場の生乳はこの建物に集められるようになった。マフトゥートによれば、石造りのモスクは当時チュメーニ州内に二棟だけだったという。かれに別れを告げて建物の敷地をまわっていると、土台に近い外壁に斜めに「1957」と彫られているのを見つけた。モスクが廃止された年であり、数字が鋭い刃物で刻み込まれているだけにイスラム教徒の激しい嘆きと混乱を見てとることができた。

西シベリアに進出するイスラム原理主義者

話をチークチャ村に戻すと、ミナレットとヒラルが安置されている墓地から帰る途中、ハズラートは唐突にこう口走った。

「プーチン大統領が誕生した直後の二〇〇〇年夏のことです。旧知のイスラム教徒が、アラブからの外国人五人を連れてきました。閉鎖されたままのモスクに案内すると、かれらは室内の隅々まで丹念に点検しはじめました。確認作業が終わると、建物の傷んだ箇所を改修し、イスラム教中等宗教学校として利用したいと提案してきました。しかも修繕費の全額をかれらが負担するという内容でしたので、すぐに同意しました」

村人がモスクの再建資金を用意できないなかで突如、アラブから思いがけない提案が舞いこんできたらしい。アラブといってもどこの国の、どのようなイスラム勢力なのだろうか。

「わたしが交渉の窓口になりましたが、具体的な内容は覚えていません。もう一四年もまえのことですから。実際に修繕費の全額を支払ってくれました。工事が終了すると、若い神学者がアラブから派遣されてきて、かれを指導者にモスクでの宗教行事が復活し、村人がイスラム教を学習できるようになりました」

かれは眉間にしわを寄せて「具体的なことは覚えていない」と繰り返し、わたしはその苦衷を察した。わたしが関心を抱いたのは、外国のイスラム勢力がシベリアに活動拠点を開設したいという思惑が透けて見えるからだ。村に隣接するチュメーニは世界有数のチュメーニ油田に近く、天然資源関連の大企業が支社を設けている。イスラム勢力による石油や天然ガスの利権を見据えた動きなのだろうが、ハズラートは口を閉ざすかわりに事の顚末だけを教えてくれた。

「でも、すぐにたくさんの問題が発生しました。派遣されてきた神学者のための住居、給料、さらに生活費までもわたしたちが負担するという話に変わりました。加えてモスクに暖房装置を設置せよ、というのです。外気温がマイナス三〇度以下に下がることがありますので、暖房が不可欠ですが、その電気代も村側が支払うのです。たしかに建物の修繕費を支出してくれましたが、このあとにつぎつぎと要求が突きつけられてきました。わたしたちはそれらに応じられず、最終的にモスクはふたたび閉鎖されました」

ハズラートはもはや「思い起こしたくない」という口ぶりなので、わたしはさらなる質問を断念した。チークチャ村を訪問した翌五月一七日、わたしはハズラートが紹介してくれたイスラム教徒のマラート・サイバータロフと面会した。チュメーニ市内のホテルにきてくれたかれは柔和な笑顔を浮かべて、開口一番にチークチャ村の感想をわたしに求めてきた。閑散とした薄暗いロビーのテーブルに向かいあって座り、わたしは村とアラブの関係が気になっていると率直に漏らすと、サイバータロフはいぶかしげな眼差しでわたしを見ながらも、包み隠す様子はない。

「あなたは、なぜ外国のイスラム教徒との関係に興味を抱くのでしょうか。たしかに近年、シベリアとアラブ諸国のつきあいは密接になってきており、これに応じてヴァハビートが増加していますが……」

この一言でわたしは背中に緊張が走った。ヴァハビート（日本ではワッハーブ派と表記）とは、アルカイダ系の熱心なイスラム原理主義者で、二〇〇三年にフセイン政権が

モスクの募金箱に紙幣を入れるサイバータロフ

崩壊したあとのイラクで頭角を現した。どうやらシベリアに進出しているようで、サイバータロフは説明を加える。

「ヴァハビーズムは、広い寛容性を特徴とする伝統的なイスラム教と根本的に異なります。イスラム教徒の一人ひとりには、イスラム教に先立って居住地域の文化や伝統、家族の生活習慣があり、そのなかで成長します。これらの風習や伝統を前提に信仰を打ち立てるのが本来のイスラム教ですが、ヴァハビートは生活のすべての領域でコーランを原点にすえます。コーランを文字通り厳密に解釈しますので、『直訳主義者（буквалист）』と称されます。たとえばカフェーで椅子に座ってお茶を飲むことを禁じ、かならず床に座ることを強要します」

伝統的なイスラム教は寛容の精神がベースにあるのにたいして、ヴァハビートはコーランの教えで信者の言動をきびしく律するのだという。ただ宗教団体と信者の関係は同じ宗派にあっても、信奉者の個性に規定される要素があるので簡単には決めつけられない。わたしがヴァハビーズムの信奉者を紹介してくれるように頼むと、不思議なことにサイバータロフの視線が左右に揺れた。なにか決意したかのように、膝のうえの鞄のなかからファイルをとりだした。

「全国紙の『コメルサーント』をご存知ですね。二〇〇五年一〇月四日付けの記事なのですが、わたしの過去の宗教活動についての記載があります。読んでみてください」

会話は意外な方向に展開していった。サイバータロフは一〇月三日、トボーリスク市裁判所で六年の有罪判決を受けた、という。罪状によれば九人の仲間といっしょにロシア国内で活動が禁止されている「イスラム解放党」の地方支部をチュメーニ州内に創設しようとしたというのだ。かれは刑務所から出所して三年も経過しておらず、いわば当局の監視下にある人物なのだった。

コメルサーント紙は「イスラム解放党はヴァハビートが中心のテロ組織だ」と断じ、二〇〇三年二月一四日にロシア連邦最高裁はロシア全土で活動を禁止した。ロシア政府はイスラム解放党がチェチェン紛争で暗躍したとして、シベリアでも監視を強化していたのだ。コメルサーント紙は治安機関の情報を引用しながら、一九五三年にパレスチナで誕生したイスラム解放党がシベリアで最初に組織を立ち上げたのは一九九九年、場所はハーンティー・マーンスキー自治区ニージネヴァルトーフスク市だったと報じている。まさに西シベリアの油田採掘地だ。

イスラム解放党のメンバーだったサイバータロフは、もはやアラブとは関係を断っていると言明する。先にチークチャ村でハズラートが「二〇〇〇年夏に旧知のイスラム教徒が、アラブからの外国人五人を連れてきた」と証言したが、旧知の人物というのがサイバータロフだったに違いない。サイバータロフをわたしに紹介してくれたのがチークチャ村のハズラートであり、二人が親しい関係にあるからできることだ。アラブからの代表団をハズラートに引き合わせた事実を確かめると、サイバータロフは伏し目になり、ボソボソと答えた。

「そうだったかもしれません……」

多民族共存のなかでのタタール民族教育

わたしがはじめてチュメーニを訪問したのは、チークチャ村を訪問する約五カ月まえの二〇一三年一二月二八日であった。二〇センチほど降り積もった雪に足をとられながら、未知の市内を歩きまわった。町の北側をトゥラー川が流れ、中心部のリスプーブリカ通りの両脇に古い建築物が残る古都の風情を醸し出しており、郊外に行くと天然資源関連企業に勤務するひとたちの高級アパートが林立している。わたしが食料の買い出しにキーロフ通りとリスプーブリカ通りの交差点あたりを歩いているときに、イスラム教徒の若い男性シェラーリと知り合い、たくさんのタタール人を紹介された。かれらから貴重な書物や資料を譲り受けたが、そのなかの一冊が二〇一一年刊行の『チュメーニ州のタタール人――歴史と現代』で、タタール人を対象にしたアンケート調査がたくさん掲載されている。たとえば「タタール人の古い慣習にもとづく生活をおくりたい」と回答したひとは六一・八パーセント、「自分がタタール人であることに満足している」は七七・七パーセントと高い数字が並び、タタール人が民族的なアイデンティティーを確立していることがうかがえる。

シェラーリの協力を得て翌年五月のチュメーニに滞在中、わたしはカザーロヴォ村に向かった。チュメーニから北方に九キロ、車で二〇分ほどの距離にある。旧名はユールタスカ村で、近年、ソ連構成国からの出稼ぎ労働者が流入し、二〇一三年までの一〇年間に人口は三〇〇〇人に倍増している。ロシア人は三〇〇人ほどで、人口の一〇パーセントと少数だ。

煌びやかなモスクが村のランドマークになっており、徒歩で三分ばかりの近距離に初等教育学校を見つけた。児童数二五一人が一〇クラスに分かれて学び、女性の校長アレフティーナ・ヤークシャは手狭な校長室に招きいれてくれた。

「三年まえにあたらしいモスクが完成したので、古いモスクは学校に改築されました。わたしたちは別のところから移転してきたのですが、一八九八年に建設された宗教施設ですので、まだ改修が必要な箇所がたくさんあります」

建物はモスクの原形をとどめており、ミナレットが設置されていたところもすぐにわかる。ヤークシャはチュメーニ州内のほかの村で生まれたが、カザーロヴォ村に二〇年まえに移り住んだ。父親はタタール人、母親はロシア人で、イスラム文化とロシア文化の混在する家庭環境で育ち、ロシア語とタタール語の両方を習得していることが自慢だ。先の書物に掲載されているアンケート調査によれば、「異民族間の婚姻に賛成する」と回答したひとは六〇・二パーセントを占め、タタール人の意識のなかに他民族への抵抗感が小さいことがわかる。ヤークシャによれば、人口の増加を反映して児童の民族が多様化してきていると明かす。

「現在、一一の民族の児童たちがいっしょに学んでいます。もっとも多いのはタタール人で、全児童数の八七パーセントを占めていますが、残りの一三パーセントはロシア人、ベラルーシ人、ウクライナ人、アゼルバイジャン人、グルジア人、タバラサーン人、タジク人、ウズベク人、キルギス人です」

ヤークシャはなんの資料も見ずに、左手の五本の指の先を右手の人指し指で一本、一本押さえながら、民族名を切れ目なく言い終えた。彼女の表情を観察すると、児童一人ひとりの顔を思い浮かべているかのように感じられた。ただタタール人というのはすでに述べたように、キプチャーク・ハーン国に住んでいたチュルク系の先住民のことであり、国の崩壊後に移住してきたチュルク系の人びとがタタール人と名乗ることはない。

「ここは単一民族の学校ではなく、まさに多民族が混在するインターナショナルの教育施設です。ただ授業はロシア語を使用していますが、ロシア語が母語でない児童がたくさんいます。村人たちはふだんタタール語で会話していますので、年に一回、全児童を対象にタタール語のスピーチ・コンテストを開催しています」

学校でロシア語を強制していると両親から抗議を受けたり、授業を拒否したりする児童はいないと微笑んだ。一二人の教員は全員がタタール人だが、ロシア語で教えることに問題はないようだ。休憩時間中に廊下でふざける児童たちに尋ねると、かれらは異口同音にロシア語とタタール語のほかにもたくさんの言語を話すことができるとはしゃぎ声をあげる。タタール人の男児はロシア語に加えて、アゼルバイジャン語もウズベク語も知っていると笑顔をふりまいた。

「ぼくたちの学校ではたくさんの言語が飛びかっていて、遊びのなかで他言語を学びます。最低でも四つの言語で会話できるから、いろいろな民族の友だちと仲良くできます。ただ会話が中心なので、ロシア語とタタール語以外の言語で作文を書いたり、小説を読んだりするのは苦手です」

児童は身体をとおして外国語を身につけており、ヤークシャによれば文法を知らなくても、音声が習得の基礎をなしていれば覚えこむのが早いと説明する。

ところでロシアが多民族社会であることはなんども触れてきたが、民族教育の重要性が唱えられるようになったのは一九八〇年代後半だった。ソ連社会の変革をめざすゴルバチョフは人びとの改革意識の向上をうながし、このはたらきかけによりソ連邦を構成していた各共和国で民族主義が台頭し、ソ連邦を崩壊に導いた。エリツィン大統領統治下の一九九三年、こんどはロシア国内の多くの諸民族が自治権の拡大を要求し、チュメーニ州ではタタール文化とタタール語をカリキュラムの中心に編成する民族学校(национальная школа)が相次いで開校し、その数は一一九にのぼった。しかしロシアの統合を掲げるプーチン政権が発足すると、状況は急変する。民族学校は廃止され、ヤークシャ校長によれば、タタール語や民族文化、民族音楽などの科目は廃止に追い込まれた。

ただ、先のアンケート調査によれば、プーチン政権が推進する教育改革で「タタール

カザーロヴォ村の学校では多言語が飛び交う

文化が消失してしまうことを危惧する」と答えたひとは三七・七パーセントと意外に少ない。もともと学校教育への期待が小さかったからかもしれないが、タタール人は同胞意識がつよく、モスクや家庭が民族教育の場だと思っているひとが多いのだろう。

イスラム教徒の村に残るイェルマーク伝説

一六世紀末にロシア人が本格的に流入するまえの西シベリア一帯は、タタール人の土地であった。独自の風土のうえにイスラム文化を育み、モスクが点在していた。すでに述べたようにイェルマーク部隊に征服されてから、タタール人の生活はかき乱されることになった。

タタール人の心情をあけすけに語るイスラム教指導者に五月二一日に出会った。西シベリアのイスラム教徒を統轄する「チュメーニ州イスラム教中央組織精神統率庁」の代表者ガリームズヤーン・ビクムーリンは日ごろは、柔和な表情を浮かべる魅力的な紳士なのだが、わたしの問いかけに猛々しい顔つきに変わった。

「イェルマークは、アバラーク村からイルティーシ川にそって東に一〇〇キロにあるバーイシェフスカヤ村で殺害されたようです。シベリアを侵略したイェルマークはタタール人の敵であり、とても不快な人物です。これ以上の感情はありません」

終身神学者の身分にあるビクムーリンの怒りは理解できるのだが……。

「イルティーシ川に浮くイェルマークの死体を見つけたのは、タタール人だ。かれらはイスラム教の伝統的な葬儀を執り行ない、遺体をバーイシェフスカヤ村の墓地に埋葬した。墓標は松の木で囲まれ、クチューム汗はイェルマークに敬意を表したのである」

この驚くべき記述を書き残したのは、第一章で紹介したセミョーン・レーメゾフだ。タタール人にとってイェルマークはたしかに侵略者のはずなのに、村人が厳かに埋葬したと書き記している。クチューム汗とはシベリア・ハーン国の汗であり、イェルマーク部隊と戦闘を繰り広げた司令官だった。戦いのすえに敗走し、イェルマークにかわる首領のもとでロシア部隊は一五八四年にウースティ・シーシ村の北西八キロまで進撃した。

イェルマークを非難する
ビクムーリン

現在、その村には四〇〇人ほどが住み、イルティーシ川の北西沿いに「イェルマークの波止場（Ермакова пристань）」という名称の船着き場が設けられている。

では、イェルマークはどのような最期をとげたのだろうか。レーメゾフの年代記によれば、イェルマークの部隊はイルティーシ川にそってアバラーク村からさらに東の方向に突き進んだ。一五八五年八月五日夜から六日未明にかけて、イェルマークは川岸で五〇人ほどの小さな部隊とともに野営していた。暗闇のなかで激しい風雨に打たれ、疲労のあまり兵士たちは眠りこんでしまった。このときにクチューム部隊の急襲を受け、槍がイェルマークの喉に刺さったという。かれは重装備の鎖帷子で身体を守っていたために、とっさに反撃の態勢をととのえることができず、難を逃れるために川に入ったが、溺死してしまったらしい。

レーメゾフによれば、イェルマークの遺体はタタール人の漁師が川から引き揚げ、多くのムルザー（領主の称号を付与されたタタール人の貴族）がかけつけ、クチュームも加わったようだ。イェルマークの遺体は発見から一カ月の間、野外に放置されていたが、バーイシェフスカヤ村のイスラム墓地に埋葬されたと記されている。

わたしがバーイシェフスカヤ村を訪問したのは五月一九日のことだった。村は南北三〇〇メートルにわたって細長く延びており、木造の廃れたような家屋がでこぼこした道路をはさんで点在している。人影はまばらで、家畜の鳴き声がのどかにこだましている。村の東西には、豊富な水量をたたえるイルティーシ川が流れている。このあたりでイェルマークは最期をとげたのだ。川岸に近づくと、川面は荒く波立っているのに、やさしく爽やかな風が頬をなで、静寂に包まれていた。

村人の男性によれば最寄りの役場は二〇キロ離れたヴァガーイ村にあり、しかもロシア人の職員にはイスラム教の文化と風習で営まれる日常生活はよくわからないことが多いと訴える。行政の目が十分に届かない、いわば孤立無援の自給自足の村といえる。

イスラム教聖地の村

バーイシェフスカヤ村は、イスラム教徒にとって聖なる地らしい。ハキーム・アタ（Хаким-ата）という聖人が村に埋葬されているからであり、バーイシェフスカヤ墓地参りはメッカ巡礼と同等の地位を得ていると村人たちは豪語する。村の北端、裏手に深い森林が迫る墓地の入口には、赤と黄のドームが設置されており、「ハキーム・アタ」と大きく記されていた。かれはウズベキスターンのブハーラから西シベリアにやってきたスーフィ教派（禁欲と神秘主義的な傾向のつよいイスラム教の一派）の伝道師で、一二世紀に活躍したといわれる。いわばイスラム教の先駆者で、妻子や近親者など一〇人とともに葬られているらしいが、真偽のほどは定かではない。

一人ひとりの墓は四辺の長さ一五メートル、高さ一メートルほどの木製の囲いで守られていた。村人が定期的に囲いを修繕しているらしい。墓地が作られた時期については、だれも正確に記憶しておらず、資料も残されていないようだ。わたしはヌリカマール・クチャシェーヴォイと名乗る五〇代の女性イマームに面会することができた。イマームとはイスラム共同体を統率する模範的な導師であり、モスクで集団礼拝を司る説教師である。村のモスクがどのような運命をたどったのか、クチャシェーヴォイのことばに耳をかたむけよう。

「現在のモスクが建てられたのは二〇〇〇年六月で、プーチンが大統領に就任した直後です。毎週金曜日に村人が礼拝し、イスラム教を深く理解する場となっています。一九一七年のロシア社会主義革命のあとにモスクは破壊されましたが、ソ連時代にも村人は各家庭でイスラム教の文化や風習をひそかに守ってきました。でも、世代を越えて伝承するためにもモスクの再建はどうしても必要でした。多数の信者が集まるモスクで教義を共有することで、イスラム教徒のなかに求心力が生まれ、信仰心もつよくなるのです」

遠方に住むイスラム教徒がハキーム・アタの墓を参拝しても、村内にモスクがないことにびっくりしていたという。クチャシェーヴォイによれば、モスクの完成時には村人にまじって西シベリアから多くのイスラム教徒が駆けつけ、盛大な宗教儀式が執り行なわれた。参加者が喜びに「酔いしれた（зелёный змий）」と当時を懐かしむ。ただモスクは墓の真向かいに位置する小さな木造建築で、村人たちの手作り感が漂っている。

迫るロシア愛国主義の高揚

では、イスラム教の聖人や村人が眠っている墓地にロシア人の英雄イェルマークが葬

バーイシェフスカヤ村のイスラム教徒を統率するクチャシェーヴォイ

られているという伝説を、どのようにとらえているのだろうか。私の質問に彼女はなんども首をひねる。

「イェルマークの遺体が村の墓地に埋葬されたという昔話を、わたしは信じていません。墓地は純粋にイスラム教徒のための神聖な場所なのです。ロシア人の部隊によって村は占領されましたが、ロシア人が入植することはなく、いまでも村はイスラム教徒だけが住んでいます」

彼女の口ぶりから、イェルマーク伝説と関わりたくないという意志が伝わってくる。

この一方で、プーチン政権下で大国ロシアの復活が唱えられており、イェルマークの神格化が進行している。モスクワなどの都市を中心にロシア愛国主義の動きが激しさをますなか、ロシアの伝統的な文化と風習を復活させ、歴史的なルーツをさぐろうと英雄イェルマークに注目が集まっているのだ。この潮流は確実に村に迫ってきており、クチャシェーヴォイはある事例に語気をつよめる。

「ロシア国内のいろいろな地域からロシア人が村にやってきて、ハキーム・アタの墓地を教えるようにわたしたちに求めます。かれらは『年代記によれば、イェルマークはイスラム教の聖人とともに葬られている』と言うのです。『年代記を読んだことがない』と言いかえすと、ロシア人は『鉄製の棺にいれられたイェルマークの遺体は、ハキーム・アタの墓の横に葬られた』と説明します。ロシア人が墓地を荒らすのが嫌なので、かれらに協力することを断っています」

ロシア人は従来タタール人の村に足を踏みいれることを遠慮していたが、プーチン政権の発足後に時代の潮目が変わったらしい。とりわけ二、三年まえからロシア人が村を平然と訪れるようになり、かれらとの関係が揺らいでいると不満げだ。彼女はいきなり真っ赤な顔でまくしたてた。

「二〇一三年秋のことです。黒い聖衣をまとったロシア正教会の関係者が、勝手に墓地のなかを歩きまわりました。かれらはわたしたちの許可を得ておらず、立ち入ることは許されることではありません。どうやら、イェルマークが埋葬されている場所を特定するのが目的だったようです。それにしても、とても不快な出来事です」

従来、イスラム教徒とロシア正教徒はたがいに干渉しないことが暗黙の了解だった。しかし、高揚するロシア愛国主義に煽られ、両者は深く関わらざるを得なくなった。クチャシェーヴォイは警戒感を抱く。

「たとえイェルマークの埋葬場所が特定できなくても、ロシア人は墓地の適当なところにロシア正教会の十字架を勝手に設置し、タタール人の聖なる地を汚すかもしれません。このような噂が村人のなかでささやかれており、わたしたちは不安にかられています。でも四〇〇年以上も昔のことなので、墓を掘りかえしても真相を解明できるはずはありません」

ロシア正教会への反感をみせたクチャシェーヴォイは、もう一つの事例を教えてくれた。コサックの末裔が組織するロシア民族主義の動きだ。他民族を排斥する性格がつよい民族団体がイェルマークの溺死したところに近いイルティーシ川とヴァガーイ川の合流地点の小さな丘に、ロシア正教会の十字架と石碑を設置したのである。碑には「シベリアの開拓者イェルマーク首領に捧げる」と記されているというのだ。

クチャシェーヴォイは、「イェルマークが死んだところに近い地点に建てたということですが、それはロシア人の勝手な都合です」と突き放すが、イルティーシ川の対岸にうごめくロシア民族主義の影が濃くなるのを感じている。ただ、すでに老境にあるクチャシェーヴォイは、民族団体を特定し、抗議する気持ちにはならないらしい。ロシア民族主義者がバーイシェフスカヤ村に石碑を設置しなかったのはイスラム教徒に配慮したのかもしれないと楽観もする。

そもそも、イェルマークのシベリア進出をどのように見ているのだろうか。そう考えていたとき、わたしたちの会話を立ち聞きしていた男性の声が重く響いた。わたしは彼女の家の軒下で夢中になって話を聞いていたので、村人がそばに歩み寄ってきていたことに気づかなかったのだ。

「ロシア人との民族対立を煽るようなあなたの質問は、好ましくありませんね。わたしたちはロシア国土に住み、ロシア国籍を取得しています。この現実は、村がタタール人の聖なる地であることとは矛盾しません。わたしたちは、歴史にこだわって生きているわけではないのです。ロシア人はイスラム文化と風習に理解をしめしてきたのですから、たがいに共存できますよ」

ロシア人との余計な摩擦を回避すれば、イスラム教の文化、習慣を守っていけるのだという確信が語感から伝わってくる。

「そのとおりです……」

多くを語ろうとしなかったクチャシェーヴォイの短い返答に苦悩の深さと、村の実質的な指導者としての責任感の強さをわたしは感じとった。敵対する人間にある程度妥協しながら、村の尊厳のために本能的な攻撃性を抑制する彼女の人間性に感嘆した。この姿と対照的に、先に紹介したイスラム教指導者ビクムーリンは憤りをかくさない。

「とても警戒しています。プーチン大統領はイスラム教徒を守ってくれず、わたしたちはロシア愛国主義者の攻撃の的はイスラム教徒であり、年々激しさをましています。ロシア人からの差別にさらされています」

かれの露骨な感情の表出をまえにすると、クチャシェーヴォイの忍耐強さがあらためて印象ぶかく蘇ってくる。村人たちは家屋のなかで、ロシア人のコッコッと不穏に響く足音と話し声に耳をそばだてているに違いない。今まで落ち着いた日常生活を送ってきたが、それが浸蝕されはじめていることに戸惑いながらも耐え忍んでいる。そんなイスラム教徒の境遇を案じながら、わたしは村を去った。

シベリアこぼれ話―2

シュムビケー王妃の悲話

「ぜひ、チャクチャクを食べてみてください。タタールの伝統菓子です」
タタール料理のファストフードでは、八人ほどの女性店員が「チャルマー」をかぶって働いていた。チャルマーとは、イスラム教徒のターバンのことだ。店の一番人気は「チャクチャク」だと胸を張り、この菓子で客をもてなす慣習が数百年前から続いていると教えてくれた。水で練った小麦粉を細長く伸ばし、小さく切ったものを油で揚げ、香りの強い蜂蜜を絡めて作る。

わたしがこの菓子を食べたのは、二〇一九年の新年をカザーン市で迎えたときだ。西シベリアのチュメーニから西方に約一〇〇〇キロ、ウラル山脈を越えたところに位置するカザーン市。ロシア連邦の行政単位の一つ、タタールスタン共和国の首都である。西シベリア一帯が濃厚なイスラム色を残しているのにたいして、カザーンは少し趣が異なる。

一三世紀からモンゴル軍は約三二〇年にわたって、ロシア南方を征服した。モンゴル帝国の四つのハーン国の一つ、キプチャーク・ハーン国の分裂でカザーン・ハーン国は一四三八年に誕生した。カザーンは首都となり、領土はヴォルガ川の中流域に広がった。

だがモスクワ公国の大公として実権を握るイヴァーン四世（雷帝）によって一五五二年、

カザーン・ハーン国は征服された。ハーン国の消滅後の一五五六年、イヴァーン雷帝はカザーン市の中心にクレムリン（城塞）の建設を命じた。今では城塞のなかにイスラム教のシャリーフ寺院やロシア正教会が建っているが、圧倒的に人気なのがシュムビケー塔だ。

イヴァーン雷帝がカザーン・ハーン国のシュムビケー王妃の美しさに魅了されてしまったことに由来する。結婚を申し込むと、彼女は条件として、カザーンでもっとも高い塔を一週間以内に建てるように迫った。イヴァーン雷帝は約束をはたしたが、王妃は塔の最上階から身を投げてしまったという伝説が残る。

カザーン市内を歩くと、ロシア社会が内包する多様性を映し出す色彩豊かな街並みがわたしを魅了する。タタール人とロシア人が人口の大多数を占めるが、チュヴァーシ人、ウクライナ人、マーリ人など七つの民族が共存しているからだ。

市の中心から西に九キロ、ヴォルガ川のそばに「全宗教聖堂」が建っている。二〇一三年に完成し、ロシア正教会をはじめとしてイスラム教、ユダヤ教、仏教などの一六の宗教施設が集められている。宗教的多様性を象徴する施設である。

このように多彩さをにじませる街だけに、逆にロシア的な要素が際立って感じられる。カザーンの人々の最大の自慢は猫で、街中の店でたくさんのぬいぐるみを売っている。その理由を探ると、女帝エリザヴェータが一七四五年にカザーンを訪問したときに遡る。

女帝は街中を歩き回るずんぐりとした猫を目撃し、ネズミ退治をさせるために三〇匹の大きな猫をペテルブルクの冬宮に連れ帰った。今でも当時の子孫が現在のエルミタージュ美術館でネズミ退治に活躍しており、カザーンの人たちの誇りになっている。

第三章　極北の遊牧民を訪ねて

ネネツ人を呑みこむ大国ロシア

極北シベリアの原風景

ドストエフスキーが『罪と罰』を書きあげたのはいまから一五〇年まえ、一八六六年のことだ。この傑作のなかで主人公ラスコーリニコフはシベリアと出会う。

「ラスコーリニコフは小屋を出て、川岸のすぐそばへ行き、小屋のわきに積んである丸太の上に腰をおろして、荒涼とした広い川面をながめはじめた。高い岸からは広い眺望が開けていた。遠い向こう岸からは歌声がかすかに流れてきた。日ざしをいっぱいに受けたはるかな草原には、やっと見分けられるほどの点となって、遊牧民の部落が点在していた」（ドストエフスキー『罪と罰』（下）岩波文庫、三九九頁）

遊牧民とは一般的に、定住型の生活様式と異なる移動型を基盤に、遊牧や牧畜を生業とする人びとのことである。広大な明るい草原から風にのって哀愁をおびた歌声が届き、ラスコーリニコフはその音色に反応する。そして遠くの情景を内面に少しずつ取りこんでいくことで、逆に絶景がかれの想いを吸収していく。

「向こうには自由があり、ここの人たちとはまったくちがった人たちが生活していた。向こうでは、時間そのものが歩みをとめ、いまだにアブラハムとその羊の群の時代が終わっていないかのようだった。ラスコーリニコフはじっとすわったまま、目をはなそうともせずにながめていた。彼の思いは、やがて幻想へ、瞑想へと移っていった。彼は何も考えなかった。ただそこはかとない哀愁が彼の心をさわがせ、うずかせるばかりだった」（同三九九〜四〇〇頁）

ラスコーリニコフは、シベリア北方で原始的な遊牧生活をおくる先住民族の伝統的な生活様式のなかに「自由」を感じとり、自分たちとは「まったくちがった人たちが生活していた」と驚愕する。ロシアという同じ国に住みながら、先住民族が生業とする牧畜を時代遅れと切りすてるのではなく、率直に「こちら」から「向こう」を対等に向きあわせる。こうすることによって主人公は、時をきざむのをやめてしまったかのような遊牧民の営みに「自由」を発見し、かれらへの畏敬の念を抱く。

光景は変化に乏しく、目にとまるものはかぎられており、視界は地平線の彼方までまっすぐ延びる。この絶景は人間の感性を攪拌する危険性を忍ばせている。「こちら」の現実と「向こう」の想像のあいだの境界線が薄くなり、先住民族の神秘的な精髄が主人公を震わせ、揺さぶる。ドストエフスキーの作品は、はるかな「向こう」の時空を内面に取りこみ、ことばで紡ぎ出した。わたしも「向こう」へ、シベリア極北へと旅立つことにする。

希望の大地

「ここは、『希望の大地（Земля надежды）』です」

両手で一歳の乳児を抱きながら、三〇代のネネツ人の女性がわたしに目尻をさげる。質素な木造の家の玄関で語る彼女の屈託ないおやかさが胸を打つ。「希望」という短いことばが浮きたち、生活の充実感が伝わる。ネネツ人はシベリア極北の先住民族であり、かれらの多くは五〇〇頭から二〇〇〇頭ものトナカイの飼育業を営んでいる。主食はトナカイの肉で、その毛皮を使って防寒着や長靴を縫製する。冬季に草原の移動手段となるソリを引くのもトナカイだ。

女性と出会ったのは、わたしが二〇一二年一月二七日にヤマール半島（日本の本州のほぼ半分の面積）を訪問したときだ。夏季のツンドラは表土が溶けてぬかるむが、冬季には広大なツンドラは氷原に生まれ変わる。氷で覆われる原野に出現する「そり道（зимник）」にそって、ヤマール地方の中心都市サレハールド市から真北に二〇時間かけて走るロシアのウラル社製トラック「ヴァフトーフカ」に同乗していたとき、彼女の姿を丘陵に見

「希望の大地」に広がるツンドラはマイナス42度

つけた。まさに「ツンドラっ子（тундровик）」の出現だ。

ヴァフトーフカから降りると、足元は凍りついた地面というよりも岩のような感触だった。岩壁をよじ登るように足場を一つひとつ固めながら、人影をめざしてゆるやかな坂を少しずつ前進した。その日は午後一時半だというのに辺りはもはや夕暮れの佇まいで、手元の温度計はマイナス四二度を示している。女性が家の軒下で発することばの一つひとつが凍りつき、粒だっているかのように響く。身体が締めつけられているような圧迫感に近い凄まじい酷寒だ。

足元からなだらかな丘陵が広がり、斜めから射しこむ陽光が凍てつく無限の氷雪を照らしだしている。灰色の空と白い地の境界は曖昧で、巨大な空間に吸いこまれそうだ。西方の遠くに目を向けると、逆光に黒い稜線を際立たせる八〇〇メートル級の小高い山が南北に連なる。ウラル山脈の北端だ。この地からもう二キロほど北に進むと、バイダール湾をのぞむ。北極海の海盆に面するカラ海（一年の大半は氷結）の深い入江である。

女性の家の周辺には一〇軒ほどの屋根の低い小さな家屋があるだけだ。玄関口から家のなかに案内されると、彼女の夫が笑顔で歓迎してくれた。室内は仕切られておらず、すぐに全体を見わたすことができる。家具はなく、日用品や服はトナカイの皮で作った伝統的な小物入れ「トゥーチャ（туча）」にしまいこまれている。トゥーチャは、運搬用ソリ（нарты-сани）に載せるための生活雑貨を入れる袋で、大きさはさまざまである。朱色や赤色を基調としてトナカイの角をデザイン化した模様のあるトゥーチャは、モノ

「希望の大地」で暮らすネネツ人の家族

トーンのツンドラに艶やかさを添える。

わたしが訪れた家族は夫婦と三人の幼子の五人で、一人ひとりのベッドが真ん中の薪ストーブを囲むように配置されていた。薪は初秋の八月上旬に南下して、手に入れたという。天井が二メートルほどの高さなのは、暖気を上部にのがさないためだろう。キッチンは室内の片隅に設けられており、雪をストーブで溶かして水を作り、トナカイ肉を主食とするつましい暮らしだ。わたしが木製の椅子に座ると、かれはときどき照れ笑いしながら生活の一端を披露してくれた。

「わたしたちは日の出とともに起きて、暗くなれば寝ます。ただ、一二月中旬から一月半ばまでの冬季は、太陽がのぼらない真っ暗な毎日が続きます。この『極北の夜（полярная ночь）』の日々は、ずっと寝ています。動物と同様に、わたしたちも冬眠するのです。反対に夏は一年中でもっとも辛い季節です。太陽が沈まない『極北の日（полярный день）』が六月から七月にかけて一カ月も続きます」

明るさのために睡眠が浅くなり、気温は一〇度以上に上昇し、表土が溶け、いたるところに大きな沼が出現する。そして蚊とアブが大量に発生すると嘆く。夫婦にとって、「夏は一年中で最悪の季節だ」。このような日々が四〇日間もつづく。

わたしが訪問した一月下旬は二時間ほど太陽が顔をのぞかせる。地平線から二〇度ほどの高さにのぼった太陽は黄金色に輝き、まるですべてのエネルギーを傾注して凍土を照らしだしているかのようだ。黄金色の陽光の美しさに、震えを抑えることができなかった。

ところで「希望の大地」という地名を示す標識はどこにも見あたらず、ロシアのどんなに詳細な地図にも探しだすことはできない。「希望の大地」は遊牧するネネツ人が家財を保管する仮住まいの場所であり、かれらの人生のありようなのだろう。夫婦の表情に人生のべつの選択肢がないことへの諦念はなく、そのことばは純白の氷雪のように清らかだった。

チュームに住むネネツ人の日常生活

「希望の大地」訪問後、ネネツ人の遊牧生活への関心が芽生えた。サレハールド市内の学校に勤務するロシア人のアレクサーンドル・コロボーフが、わたしをチューム（ネネツ人の移動式住居）に泊めてくれるネネツ人を探しだしてくれた。そのひとはニコラーイ・ラプターンデルと名乗り、真冬の時期にヤマール半島を南下する。ちょうどサレハールドに買い物にきており、一月三〇日から三日間、わたしをチュームに招待してくれることをコロボーフに約束した。

コロボーフが当日、わたしをサレハールドから車で東方に二〇キロの地点に送りとどけてくれた。かれによれば待ち合わせ時間は「日の出のころ」ということらしいが、この時期に太陽が出るのは午前一一時すぎだ。コロボーフがニコラーイから聞いた説明では、サレハールドからの道路が終点となるあたりの右手の雪景色のなかに「ソリ道」が残っているというのだ。トナカイのソリの跡である。

わたしたちが車のなかで待機していると、ニコラーイが三頭のトナカイがひくソリで迎えにきた。ソリで三〇分ほどの距離にチュームがあると告げた。目的地にたどり着くと、詩情豊かな風景に魅了された。ツンドラの雪は青空を反射し、一面天色に彩られている。まるで空と地上の境界線が消えてしまっているかのような未知の空間に包まれる。

円錐型のチュームはトナカイの皮で三重に覆われており、ニコラーイのあとについてチュームに入ると、空気がとても生暖かく感じられた。チュームのなかには仕切りがなく、円形の間取りで直径は五メートルほどだ。真ん中にペーチカが据えられ、小枝が燃やされている。足元を見ると、ツンドラのうえに板が敷きつめられており、隙間からツンドラの氷が輝いて見えた。

ニコラーイは現在、チュームに妻のウスティーニヤ、次男で一九歳のイリヤー、そして六歳になる娘のヤリャーネの四人で住んでいる。一人娘の名前はネネツ語で「ツンドラのかわいい住人」という意味で、長男はサレハールド市内の畜産専門学校で勉強している、とニコラーイは笑みをこぼす。

「わたしたちの生活拠点が変わっても、ツンドラのどこにチュームが設営されているのか、息子は見当をつけることができます。ただ、ツンドラのなかを何百キロも徒歩で帰

ニコラーイの住むチューム

チュームの中のニコラーイの家族（左から3人目が著者）

ってくるのは容易なことではないので、帰省することはほとんどありません」

息子が将来、チュームにもどってトナカイを飼育することに父親は期待を抱いている。専門知識の習得はトナカイ飼育業に不可欠であり、かれもトナカイとの生活に戻りたがっているのだとにっこりした。ペーチカの脇の長い椅子に腰掛けてわたしに遊牧生活の実態を披露するニコラーイの横で、家族たちが耳をかたむけている。

「わたしは二〇〇頭のトナカイを飼育しています。ほかの遊牧民とくらべて、わたしたちのスタード（стадо 家畜の群）は小さいほうです。遊牧民の経済的な豊かさはお金やチュームの大きさではなく、スタードの規模できまります。平均的には八〇〇頭から一〇〇〇頭のトナカイを飼っています。だから、わたしたちのスタードは貧しいほうです」

トナカイの肉は遊牧民のネネツ人にとって主食であり、タンパク質の供給源として貴重だ。南下する冬季にトナカイ肉をサレハールド市の精肉業者に卸し、衣服や食料品などと交換している。現金収入を得てもツンドラに商店がないので、品物と交換するほうが実用的なのだ。貨幣経済ではなく物々交換という前近代的な形態が存続している様子は、ドストエフスキーがながめた原風景を彷彿させる。多数のトナカイを飼えば、身のまわりが物品で満たされるはずなのに、ニコラーイはそのような欲望を持ちあわせていない。低音を響かせ、わたしを諭すかのようにことばを紡ぐ。

「富裕者のスタードにはたくさんのトナカイがいますが、逆に問題も多発します。かれらには、苦労がたえないのです。たとえばトナカイのために、広大なパーストビィシェ

(пастбище 放牧地) を確保しなければなりません。豊かな水源とトナカイの主食となる良質なコケ (олений мох) は、どこにでも生えているわけではありません。人工飼料はまったく口にしませんので、トナカイの肉はとても繊細でおいしいのです。大規模なスタードを訪問すると、トナカイで賑わっていますが、遊牧民は飼育業に疲れ果てた表情を浮かべています」

そしてニコラーイは目を輝かせながら、「冬季のトナカイは氷結するツンドラからコケを足の爪でかきだして食べる」と教えてくれた。チュームに宿泊したとき、かれの家族からトナカイの生肉をたくさんご馳走になった。臭みはまったく感じられず、弾力がつよいけれどもとても柔らかい食感がおもしろい。とりわけトナカイの心臓は高級肉で、サレハールド市内のレストランではその料理は八〇〇ルーブル（一三七六円。ルーブル安が続いているが、二〇一五年一二月時点の一ルーブル＝一・七二円で換算。以下も同じ）の高値がつく。わたしは一度だけ口にしたが、皿に薄く広げられた肉をどんなに小さく切り取って食べても、コリコリとする歯ごたえは格別だった。

トナカイの群との暮らし

スタードを構成する基本単位は家族であり、親族間で統合されることはあっても、第三者とのあいだでスタードが取り引きされることはない。規模の大きいスタードが小規模のスタードを吸収したり、後者が前者に従属したりすることもない。モスクワなどの都市部は資本主義の潮流に洗われているが、シベリア極北では非近代的な家族経営が基本形態だ。では、のどかな風景の広がるツンドラで争いや喧嘩は起こるのだろうか。

「トナカイを連れて移動するさい、経路によってはほかのスタードと交差することがあります。広大なツンドラといっても、遊牧民が動く時期はほぼ同じです。たとえば二〇〇〇頭のスタードと交わると、わたしたちのトナカイがほかの群に迷いこむことがあります。周囲を見渡しながらゆっくり移動するのですが、それでも重なりあうことがあります。遊牧民のあいだで怒鳴り合いになることがありますが、基本的にたがいに顔見知りですので、最終的には和解します」

ニコラーイによれば、現在、もっとも近いスタードは五キロ先に設営された妻の両親と妹のもので、さらに八〇キロ遠方に親戚のスタードがあると目を細める。一定の距離をたもって暮らすのは、トナカイの食料となるコケを確保するためである。だが、夏季には親族のスタードは集結する。その理由を尋ねると、わたしたちの会話を聞いていた次男のイリヤーが表情をくもらせながら説明した。

「五つ、六つの親族のスタードと合流するのは、七月です。ツンドラに、蚊やアブが大量発生するからです。トナカイはとても繊細な動物なので、吸血性の虫に刺されると、暴れたり、炎症を起こしたりします。ほかのトナカイも動揺するので、できるだけ多く

ニコラーイが飼育するトナカイの群

のトナカイを集めて、荒い鼻息でもって害虫を寄せつけないことが大切なんです。ツンドラっ子にとって、七月は一年中で最悪の時期です」

当然、トナカイだけではなく人間も刺すためにチュームのなかでは薬草をたいて身を守っている。八月中旬になると雪が舞うことがあり、落ち着いた日常生活にもどる。

それにしても、七月に交じり合った多くのトナカイを、どのように見分け、そして自分のスタードに引き戻すのだろうか。わたしにはすべてのトナカイが同じに見えてしまうが、かれらはトナカイの一頭一頭を識別できるのだろうか。イリヤーは、ツンドラっ子としての自負心をみせる。

「家族は、自分たちのトナカイを瞬時に見分けることができます。一頭ごとに体の模様が異なり、顔つきにも性質にも個性があります。ぼくたちのスタードには二〇〇頭のトナカイがいますが、家族の一人ひとりが自分のトナカイをもっています。スタードに近づくと、ぼくのトナカイのほうからぼくに寄ってきます」

イリヤーの眼差しにはトナカイへの愛情があふれていた。

ツンドラに包まれて暮らすニコラーイの家族がサレハールドに行くと、どのように感じるのだろうか。父親に連れられていったことのある娘のヤリャーネが訴える。

「ツンドラの生活はふだん、とても静かです。でも春になると、あちこちから小鳥の鳴き声が響きわたります。まるで音楽をかなでているかのようです」

リズムをとるようにヤリャーネは両肩を左右にゆらし、口笛を吹くまねをする。少しだけ間をとると、こんどは少女の表情がこわばった。

「わたしは、都会が嫌いです。サレハールドは、ツンドラとまったくようすが違います。自動車やスピーカーからでる騒音で頭痛がしてきます。平衡感覚がなくなって、歩調がくるってきます。それに街中のゴミや車の排気ガスの臭いが鼻をついて、まともに呼吸できなくなります。とても我慢できません」

人びとが密集する都市生活は機械文明の象徴であり、大量の消費物資が生産され、廃棄物も膨大な量になる。都市が生み出す騒音と臭いは、ツンドラを生活基盤とするかれらの生理現象を狂わせるほどの威力があるようだ。都市住民の姿は、ニコラーイにはこう映る。

「町を歩くひとたちは、ツンドラっ子とまったくべつの人種です。かれらの生活は一言で形容すれば、『空虚（cyera）』です。住民はなにかに追いたてられて、たくさんの責任と義務を背負った苦悩の表情を浮かべています。市役所の職員も食料品店の店員も、他人にたいする態度に誠実さがありません」

死んでツンドラに帰る

チュームに滞在中、とても印象深い話を聴いた。妻のウスティーニヤがささやいたのだ。

「わたしの母は、このチュームのなかで死んでしまいました」

うつむきながら話す彼女は、声をしぼり出しているように感じる。ツンドラに病院がないことは知っている。それでも病名を尋ねてみた。

「わかりません。息苦しいとか、痛いとか、だるいとか、母はわたしに訴えることはありませんでした」

こう言ってウスティーニヤは唇をきつく結んだ。

「母に『どうしたの』と尋ねることはありませんでした。わたしには、そのような質問が浮かんでこなかったからです。ツンドラっ子にとって痛みは自然の一部であり、苦しいことではありません。死後、わたしたちはツンドラに帰っていくだけです」

この世になんの未練もないウスティーニヤの表情はすがすがしい。死はかれらにとって敗北ではないのだろう。墓を用意することはなく、遺体は近くのツンドラに埋葬される。掘り起こされたツンドラにコケが生えることはないために、その場所は家族にとって「神聖な場所」として永遠に記憶される。ほかの遊牧民も、なにも生えていない場所にすぐに気づき、踏みあらすことはないらしい。

住所のないロシア国土に住む

「ツンドラとトナカイは、ぼくの人生のすべてです」

一九歳の青年は二〇一一年九月二六日、市役所に勤務するネネツ人の自宅アパートの一室で目を輝かせながら得意満面だった。アパートはサレハールドの真ん中を南北に三〇〇メートル延びるティトーフ通りに面している。わたしが青年と出会ったのは「希望の大地」を訪問する四カ月まえのことだった。

かれの名前はアルチョーム・オコテートで、筋肉質の体格に精悍な顔つきが印象的だ。キラキラと輝く瞳は、毎日の生活の充実感を漂わせる。シベリア極北という過酷な自然環境でトナカイを飼育し、極限的な忍耐をしいられるはずなのに、かれの表情には日常に倦んだ様子がまったくみられない。

オコテートの夏営地はサレハールドから北北東に一〇〇〇キロ、カラ海に面するヤマール半島の最北端にある。家族六人でトナカイ八〇〇頭を育てる。オコテートはツンドラで生まれ、「ツンドラを離れた記憶はない」と明かす。

ネネツ人のオコテートは、モスクワにもロシアにも関心を抱かず、ネネツ人としてのアイデンティティーを確立している。それでもオコテートはロシア国籍を有しているはずなので、わたしはかれにロシア政府が発行する国内向けパスポート（身分証明書）を見せてくれるように頼んだ。それはロシア国籍を証明する重要な文書であり、一四歳以上のロシア人は携帯が義務づけられる。濃い茶色の冊子の表紙に金色のロシアの国章が貼りつけられ、形状は日本のパスポートに似ている。先進国のＩＤカードに相当するものだ。

オコテートが片手で差しだしたパスポートの四つ角は折れ曲がり、土色のシミがところどころに付着し、水滴の跡と思われる白っぽい不規則な輪がいくつも染みついている。かれは照れ笑いを浮かべた。

「このページをよく見てください。生年月日は一九九二年五月二三日、出生地はチュメーニ州ヤマール地区ショーヤハ村と記載されています。これがぼくの出生にかんする正式なデータですが、本当のところ正確ではありません。五月二三日は誕生日ではなく、村役場に出生届を提出した日なのです。じつは、生年月日も出生地もよくわからないのです」

オコテートの告白に、思わず驚きの声をあげてしまった。なぜパスポートの欄に不正確な記載が行なわれるのだろうか。わたしの疑問に、オコテートは物静かに答える。

「ぼくの家族はトナカイ飼育業を営んでいて、ヤマール半島を南北に五〇〇キロほど移動します。父から聞いた話では、ぼくが生まれてから数カ月後にヤマール半島の最北端に向かう途中、ショーヤハ村役場に立ち寄り、出生届けを提出したというのです。一九九二年五月二三日という申請日が、実際の誕生日から正確に何日が経過していたのか、父はまったく記憶していません。でも、ぼくは父に感謝しています。わざわざ移動ルートからはずれて、村役場に寄ってくれたからです」

オコテートが生まれたのは、ヤマール半島の南部の冬営地だった。ツンドラで暮らす遊牧民には行政機関との関わりはほとんどなく、出生届けについても父親にとって優先

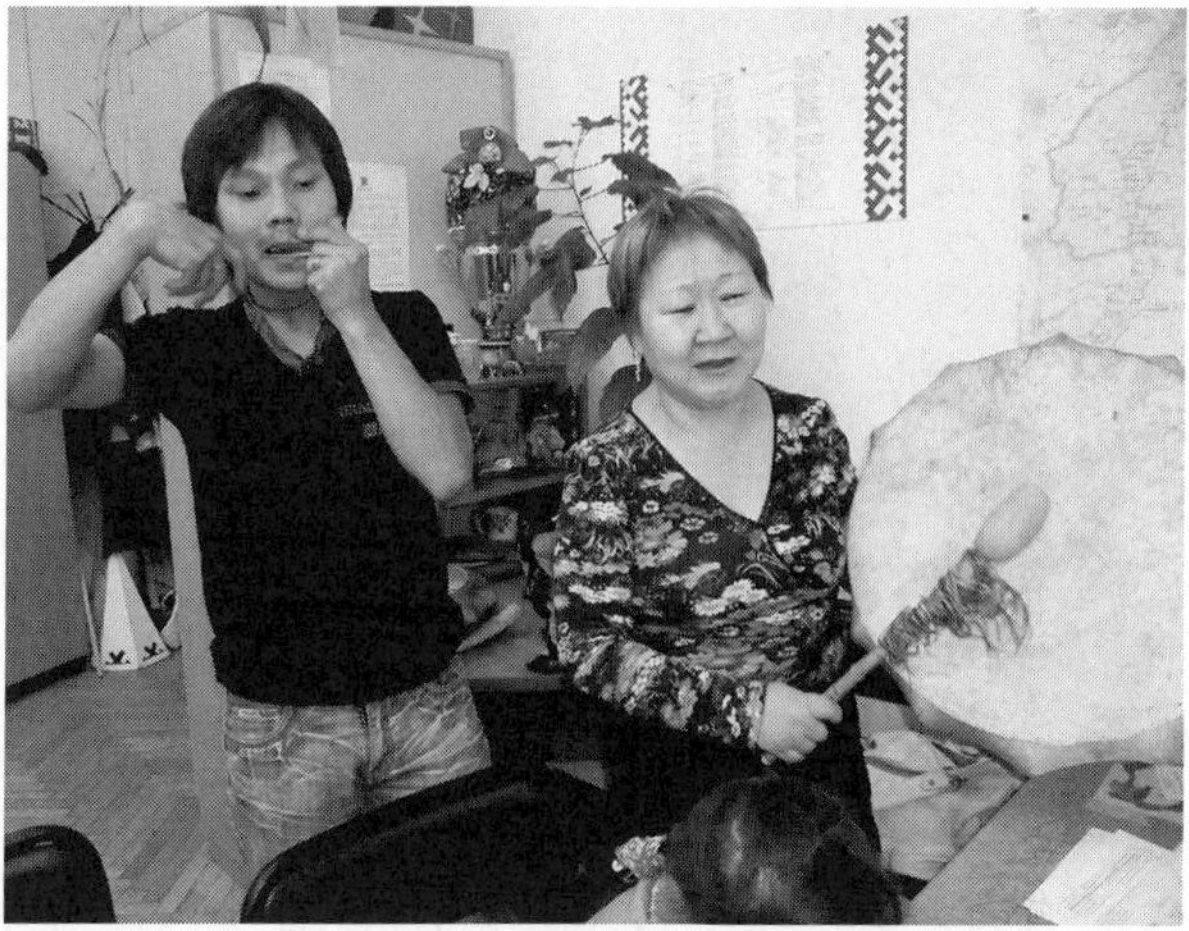

ネネツの民族音楽を演奏するオコテート（左）

的に対応しなければならないことではない。

ショーヤハ村はサレハールドから北北東に七〇〇キロ、ヤマール半島の東側のほぼ中央に位置する。週に二度、火曜日と土曜日にサレハールドからのヘリコプターが周辺の村を経由してショーヤハ村に飛来する。村民の生活物資がサレハールドから空輸され、それと引き換えにトナカイの生肉が輸送される。わたしが日常生活について質問すると、オコテートの笑顔がはじける。

「チュームには、カレンダーも時計もありません。ぼくたちには曜日も休日も、祝日も関係ありません。だから正確な誕生日は特定できないので、父はぼくに『冬に生まれた』と答えるだけです。ヤマールでは、冬といっても九月にはじまり、翌年五月まで続きます。年の八カ月は冬の季節です。ただ自分の誕生日を知らなくても、ツンドラで生きていくにはなんの問題もありません」

オコテートの話では、家族全員の誕生日が不明であり、正確な年齢もわからない。かれのあけっぴろげな表情は、わたしたちの時間の感覚を切りさく。時間に拘束されずに生きる人びとの紡ぐ自由な空間に、わたしはすっかり魅了されてしまった。

パスポートの記載で不思議なことは生年月日だけではない。出生地がショーヤハ村となっている点にもある。もちろんこの地は実際にかれが誕生したところではない。生まれたのはヤマール半島のツンドラのなかのチュームである。かれ自身はその場所をよく知っている。草木が生えておらず、道もないけれども、かれはそこを特定できる。オコテートにとって自明の地なのだが、パスポートに記載されていないのは、その場所に行政上の地名がつけられていないからだ。日本のように国土の比較的狭い国では、すべての土地に住所をつけることは可能なのだろうが、シベリアのような荒漠と広がる原野に、しかもだれも定住していない場所に行政区画を設定する意味はないのかもしれない。

でもよく考えると、住所を表示できない土地ははたしてロシア領土といえるのだろうか。そもそも地名のない土地を移動するネネツ人のような遊牧民を、ロシア国民とよべるのだろうか。

形式的な現住所の登録制度

出生地は父親が立ち寄ったショーヤハ村と記載されているが、定住生活をおくらないネネツ人の現住所は、どのように記入されるのだろうか。オコテートはわたしのまえでパスポートのページをめくりながら、現住所の欄についての秘密をあかした。

「現住所の欄ですが、よく見てください。『ヤマール・ネネツ自治区ヤマール地区タムベーイ村ツンドラ通り』と記され、それにつづく家屋番号と部屋番号の箇所は空白です。というのも、タムベーイ村にツンドラ通りは実在せず、これらの番号をつけることはできないからです。村役場の職員にとってヤマール半島全体が平坦なツンドラ通りなのです。カラ海に突き出す世界最大の道路というわけです」

オコテートは苦笑する。父親が実際に住んでいないのに、タムベーイ村を現住所として勝手に申請してしまったのだ。ヤマール半島は南北七五〇キロ、東西の幅は広いところで二四〇キロ、狭いところでも一四〇キロにおよぶ。たしかにヤマール半島には樹木がほとんど生えておらず、基本的に平地だ。もっとも高い場所でも海抜九〇メートルほどで、平地での高低差は四〇メートルにすぎず、地平線まで視界はさえぎられない。だから道路にたとえることができないわけではないが、半島の面積は日本の国土の四〇パーセントに相当する一四万八〇〇〇平方キロメートルだ。

ロシア国籍を有するひとは、国民としてロシア憲法に明記されている権利、たとえば選挙権や教育を受ける権利が発生し、同時に納税などの義務を負う。このような権利と義務が発生するのは、現住所が定められていることが法的な根拠となる。

オコテートのようにヤマール半島で遊牧生活をおくる先住民の正確な人数を、ロシア政府は把握していない。ヤマール半島の行政機関に出生届けを出している人数は一万五〇〇〇人、その七〇パーセントにあたる一万五〇〇〇人が遊牧生活を営んでいるといわれている。ただ出生届けは出されていても、死亡届けが出されることはとても稀なケースだ。かれらの大多数はチュームのなかで死んでいき、遺族が移動ルートからはずれてわざわざ村役場に報告することはない。だから、ロシア政府がツンドラで暮らす人びとの実態を知ることは不可能なのだ。

法律と遊牧生活の狭間で

　このような状況を、政治家はどのように認識しているのだろうか。わたしは二〇一二年一月二六日にヤマール・ネネツ自治管区議会（ドゥーマ）の議長セルゲーイ・ハーリュチと面談した。この自治区はロシアを構成する連邦構成主体であり、モスクワとシベリア極北を結ぶ地方機関だ。ハーリュチ議長はネネツ人で、遊牧民の暮らしに精通している。

　サレハールドの真ん中を東西に走るリスプーブリカ通りに面する大きな建物が自治区議会であり、四階にかれの執務室がある。ハーリュチは先住民族の人権と伝統文化の保護を訴えており、モスクワの政界でも著名な政治家だ。少し待たされたあと執務室にとおされたわたしが遊牧民の住所登録について質問すると、ハーリュチは丁寧に答えた。
「ロシアの現行法では居住地を現住所として登録します。都市部や農村部で生活する人びとはアパートや家屋、宿舎などで定住生活をおくっているので、なんの問題も発生しません。だが、ヤマールの人びとはそのような暮らし方をしていません。遊牧民は定住地をもたず、ツンドラを移動しながら生活しています。問題なのは、現行法がチュームを住居として認定せず、チュームで暮らす人びとを定住民として扱わないことです」

ハーリュチは堂々とした体格から受ける印象とはちがい、語り口はとても繊細だ。ハーリュチが居住地の根拠とする現行法とは一九九三年に施行された「ロシア連邦内の移動の自由、及び滞在地と居住地の選択に関するロシア市民の権利について」のことであり、チュームを家屋に含んでいない。ハーリュチはわたしに、法律で以下のように居住地が厳密に規定されていることを教えてくれた。

「居住地とは家屋、アパートのフラット、社宅、特別居住施設（寮、保養施設、軍事居住施設、独居用老人ホーム、障害者養護施設、負傷兵療養施設等）、または市民が貸主と結んだ賃貸契約にもとづいて常時、あるいは長期間にわたって住む住居のことである」

住居は私有財産であっても、賃貸契約を交わしている居室であっても、所有形態にかかわらず定住地として認められる。常時住んでいればまったく問題にならないが、たとえ住人が一時的に現住所を離れることがあっても、居住を裏づける証明書を当局に提出すれば、住所不明とみなされることはないようだ。

でもこのような規定を、遊牧民は満たすことができない。ハーリュチはネネツ人の生活の実態に精通しているゆえに、遊牧民と現行法の狭間で苦渋の表情を浮かべる。ロシアの現行法は定住者だけを国民と定めている。言いかえるならば、どこに住んでいるのか特定できない人びとを国民の範疇から排除し、ロシア国家の構成員と認知しない。

広大な国土のロシアにはさまざまな民族が住み、とりわけシベリアには多様な生活様式が混在している。このような個性豊かなシベリアを画一的な法律で統治しようとすれ

ヤマール・ネネツ自治管区議会議長ハーリュチ

ば、ツンドラっ子が法制度の枠からはみ出していることが浮き彫りとなり、シベリアの現実と法律との乖離が露骨に表面化してしまう。

ロシア国家の統一を強化するプーチンは、さすがに現状を放置するわけにはいかなくなり、遊牧民をロシアにつなぎとめる方策に着手した。従来の法律に補足条項が加えられた法律改正が二〇一一年一二月六日に承認され、現住所の例外的な登録が追加された。ツンドラを移動中に立ち寄れば、遊牧民は任意の行政当局（市役所や村役場などの行政機関）の住所を、自分たちの定住地として正式に記載できるというのだ。

遊牧民は定住の実態がないけれども、移動の通過地点にある行政機関の住所で登録できる。ヤマール地方でこの申請を受けつけるのは、自治管区の拠点サレハールド市役所と六つの村役場だ。ハーリュチは、執務室の壁に掲げられている大きな地図に振り向く。一つひとつの所在地をかれはわたしにさし示したが、日本の面積の四〇パーセントの広さのヤマール半島に行政機関は七つだけだった。

ハーリュチと面談したあと、わたしはネネツ人の伝統音楽を歌い継ぐタチヤーナ・ラールと会った。彼女は、たとえ法律が改正されても、遊牧民が住所登録のために村役場にでかけるのは容易なことではないと顔をしかめる。

「村役場にたどり着くにも、ときには二昼夜かかります。なぜ、そんなに苦労して住所を登録する必要があるのでしょうか。わたしたちは、『ネネツ人がもっともしあわせな人間だ』と確信しています。日常生活でだれにも従属していないことが誇りです。朝いつごろ起床するのか、トナカイにどのような世話をするのか、すべて自分の判断です。自分の行動は自分で決め、親から命令されることもありません。これが『ツンドラの法律（Закон тундры）』であり、しあわせの源泉なのです」

不透明なツンドラの選挙

ロシア国家から疎外されているかのように映る遊牧民に、選挙権は付与されているのだろうか。ニコラーイのチュームに滞在したとき、かれは直近に実施された二〇一一年一二月のロシア下院選挙の意外な側面を明かした。

「突然、爆音をたてながらヘリコプター（Ми-8）が旋回し、チュームから二〇〇メートルほど離れた地点に着陸しました。選挙管理委員会の四、五人がチュームに近づいてきて、わたしに家族全員を集めるように指示しました。わたしは子どもたちに声をかけ、職員は投票について簡単に説明し終えたところで、ヘリコプターに案内しました。機内が投票所に変わり、職員が投票用紙を一人ひとりに渡しました」

ツンドラで生活していると、遊牧民は選挙の公示を知ることはない。不意にヘリコプターが静謐を引き裂くように舞い降り、繊細なトナカイは動揺する。ロシアでは一八歳未満の男女に選挙権はあたえられていないけれども、ニコラーイの証言では投票に未成年の子どもたちも駆りたてられると暴露する。次男のイリヤーの投票用紙にまつわる話は、戯画的でさえある。

「職員はぼくたちに、何枚もの投票用紙をわたします。一人に一枚というわけではありません。投票用紙には各政党名の横に四角いボックスがつけられて、投票したい政党にチェックをいれます（比例代表制で実施）。ぼくたちは習慣的にトナカイの枝分かれする角のような形のチェックをいれてしまうのですが、職員からすぐに訂正するように注意されます。レ点でチェックしないと、無効になるからです」

ニコラーイの補足によると、ときには一人で七、八票を投じることがあり、職員がパスポートと選挙人名簿を照合することもない。家族がどの政党に投票したらよいのか迷っていると、職員が巧妙にプーチン与党にチェックするように誘導したようだ。

プーチンはこの数年、欧米諸国からの批判にさらされて不正選挙の摘発に躍起になっており、都市部の投票所を中心に監視カメラを設置している。市民団体も、ひとりの有権者が複数の投票所で他人になりすまして票を投じないように監視し、開票作業では意図的な数え間違いがないように注視している。

ニコラーイの家族をはじめとして遊牧民が選挙に協力するのには、理由があるようだ。チュームで一夜を過ごしたわたしにニコラーイはもはや「友人だ」と打ち解けた表情を浮かべ、内情を語った。

「投票が終わると、機内の後ろに積まれた段ボール箱から職員がパン、塩や砂糖などの調味料、果物、さらには食器や衣服などの日用品、医療品などを手渡してくれます。もちろん無料で、わたしの家族にとって貴重な品々です」

ニコラーイによれば、ヘリコプターが飛来してから離陸までの時間は一五分ほどだという。ヘリコプターの燃料を節約するためにパイロットは一刻もはやく飛びたちたいのだが、行政当局はツンドラのどこに遊牧民が住んでいるのか把握していない。上空からトナカイの群れを見つけだすにしても、燃料を無駄に消費することになり、天候の急変で遭難する危険性がつきまとう。パイロットは離陸まえに、どの方向に飛べば遊牧民がいるのか、ニコラーイに尋ねるが、かれは自分の答えに確信がもてない。

「隣の遊牧民の所在を教えてくれといわれても、わたしたちのチュームから一〇〇キロ以上は離れています。わたしがパイロットに指で方角を示しますが、遊牧民の位置というのはわたしが数カ月まえに知りえた情報です。かれらは移動しますので、実際のところパイロットが発見できないことがあるようです」

ニコラーイは一〇〇キロ先のチュームを「隣にいる」と形容する。わたしたちの距離感覚とは異次元の空間に暮らすかれは、一〇〇〇キロも離れているチュームを「近くにいる」と言い表す。飛行機で飛んでも二時間も要する地点を、身近に感じているのだ。「遠い」という表現を日常会話で使用することはないと断言した。

極地に押し寄せるグローバル化

遊牧民はすでに述べたように、トナカイを連れてヤマール半島を南北に移動する。チュームの設営にかかる時間は三〇分だが、日常品をナールタ（нарта）というトナカイが引く長いソリにくくりつけるには半日を要するようだ。ニコラーイがこう説明する。

「わたしたちはいまヤマール半島南部の冬営地にいますが、四月に北上を開始します。この時期にトナカイは子どもを生みますので、途中で一カ月にわたって滞在します。子どものトナカイが歩けるようになるまで、様子を見守ります。移動距離は直線で三〇〇キロほどですが、春から夏にかけてのツンドラは表土が溶けてたくさんの沼地が出現し、迂回しますので、夏営地までの距離は四〇〇キロほどになるかもしれません。遊牧民のなかには、一〇〇〇キロも移動するひとたちがいます」

ニコラーイは、冬に南下するときにはツンドラは氷結しており、ほぼ直線に移動できると補足する。四カ月かけて三〇〇キロ以上を移動し、平均では一カ月に八〇キロ、日に三キロ動く。移動中はトナカイが一カ所のコケを食べ尽くさないように、その回復期間を勘案し、微妙にルートを変えているようだ。

ニコラーイは「スタードの移動距離が長いほどよい」と言い添える。というのも、七月に可能なかぎりヤマール半島の北端までたどり着けば、気温が低いので蚊やアブが少ない。その反対に冬はできるだけ南下し、サレハールドに近いところに冬営地を設ければ、身のまわりの品や食料を調達できるからだ。

このように遊牧民は季節ごとにツンドラを移動するが、近年あらたな問題が生じている。かれらは、いわば自己完結した小宇宙に暮らしているが、そこにグローバル化というあたらしい潮流が押し寄せているのだ。ネネツ人などの遊牧民が住むシベリア極北や西シベリアは、世界有数の天然資源産出地として欧米諸国や日本、そして中国でも脚光をあびている。天然ガスの採掘量はロシア全体の六〇パーセントを占め、原油は七〇パーセントに達する。これらの資源を採取する油井は五〇〇カ所をかぞえ、その数は増加する一方だ。

加えて近年、ヤマール半島の北方に広がるカラ海の天然資源の豊富な埋蔵量が国際的に注目されており、大陸棚や深海での掘削・石油生産を可能にする石油プラットフォームの建設に欧米諸国の企業が参入している。大規模な設備建設にあたってヤマール半島が支援基地として役割をはたすことが期待されており、ロシア政府も積極的に投資計画を作成している。

このようなロシア政府と欧米諸国の動きは、ヤマール半島の遊牧民の生活に重大な影響をあたえようとしている。ニコラーイの家族がもっとも危惧するのは、トナカイの主食となっている良質のコケが少なくなることだ。妻のウスティーニヤは「ツンドラに自動車が入りこみ、表土を引っ掻くと一〇〇年もコケは再生できない」と表情をくもらせる。夏季はツンドラの表土が溶けて沼地や湿地に変わるが、採掘設備の工事によってトナカイが飲むきれいな天然水は汚濁する。

資源開発に分断される生活

天然資源開発は、さらに遊牧民の自由な移動を妨害する。その状況を調査するため、チューム訪問の前年、二〇一一年九月二四日に、わたしはサレハールドから東に五一キロにあるハルサーイム村にでかけた。先住民ハーンティ人が暮らす村の人口は四〇〇人、すぐ北をオービ川が流れる。四〇歳のアントーン・テェートキンの家を訪問すると、トナカイ飼育業と漁業を営むかれは、わたしに「トナカイは見知らぬ人間を見ると、興奮するので近づかないように」と注意をあたえた。フィン・ウゴル語族に属するハーンティ人は、ヤマール半島の付け根から南に分布する森林地帯に暮らしている。ハーンティ人もネネツ人と同様シベリア北方の先住民であるが、気質の違いからいさかいが続いてきた。ネネツ人はハーンティ人よりも気性があらいといわれており、両者の婚姻はほとんどないらしい。

ネネツ人の住むヤマール半島で採掘される天然資源は輸送船でカラ海を経由してヨーロッパに送られるのにたいして、ハーンティ人が暮らす一帯で採掘される天然資源はパ

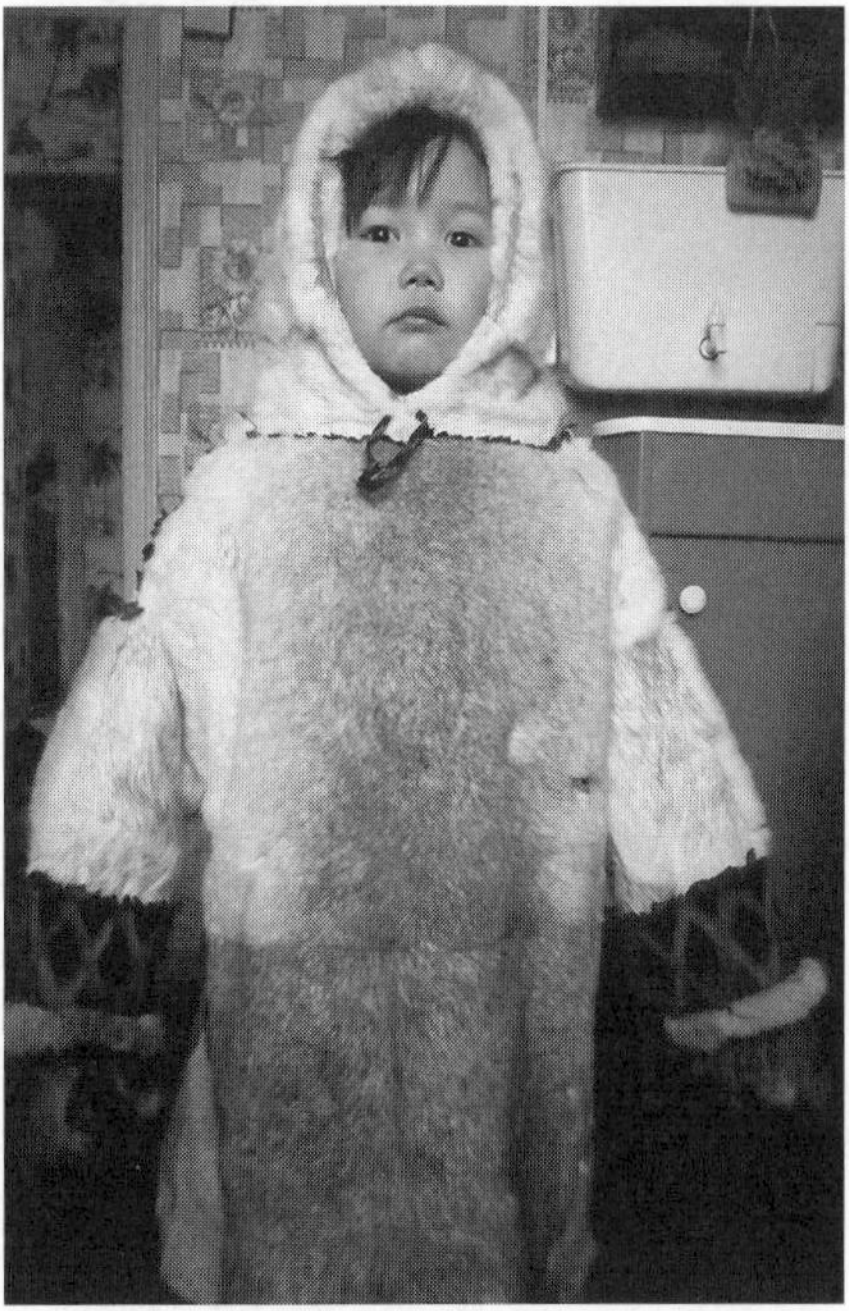

ハルサーイム村に住むアントーン・テェートキンの娘

イプラインで輸送される。この輸送管にたいして、アントーンは怒りを爆発させる。

「高さが二メートルのパイプラインを乗り越えるのは、無理です。パイプラインをまたぐ仮橋を設けるにも、繊細なトナカイはおびえてしまいます。だから従来の直線のルートから東側に二、三百キロを迂回することになります。遠回りは、たいへんな負担です。だから、夏営地と冬営地の場所を変えた仲間がいます」

西シベリアで暮らす遊牧民はすでに述べたように、夏から冬にかけて南下、冬から夏にかけて北上する。かれらが南北に移動するのにたいして、天然資源のパイプラインは東西の方向に延びる。だからアントーンは、「パイプラインは大いに邪魔になる」と憤りを隠さない。

パイプラインは地上に打ちこまれたコンクリートに支えられ、地上から二、三メートルほどの高さに設置される。しかも一本というわけではなく、二、三本の管が並行して延びており、ツンドラの表土は幅五メートルにわたって削られる。サレハールド空港を離着陸する飛行機の窓からながめると、輸送管は大地をはっているかのように地平線のかなたに消えていく。パイプラインを地面に接触させないのは、夏季にはツンドラの表土が溶けて湿地や沼地に変わるからだ。パイプラインが水没しないためにも、一定の高さを維持することが必要なのである。

先祖から受け継ぐ大地は、法的にいえばロシアの国有地であるが、ネネツ人もハーンティ人も土地への愛着はたいへん強い。シャマニーズムを信仰するかれらのあいだでは、ツンドラの特定の場所に「霊がやどっている」と言い伝えられており、その神聖な場所にパイプラインが敷設されたり、油井の設置のために穴をあけたりされると、かれらのつよい憤慨を引き起こすことになりかねない。

かれらの忍耐にも限界があり、最悪の場合にはパイプラインに穴をあけたり、切断したり、油井を破壊したりする危険性がある。このような破壊活動を、ロシア政府も企業も防ぐことは困難だ。いったんパイプラインが損傷を受けると、道のない広大なツンドラでその箇所を特定するには多大な労力を要する。冬季の酷寒のなかでの復旧作業も、夏季に大量発生する蚊の大群のなかでの修理も容易でない。したがって、パイプラインと油井を守るために、ロシア政府も企業も遊牧民の不満をできるだけ解消しようとする。二〇一一年の統計ではロシア最大級の天然資源企業のガスプロムはヤマール地方の先住民族に総額七億六五〇〇万ルーブル（二三億二五八〇万円）、一人当たり二万六七五ルーブル（三万五五六一円）を支払ったが、金銭的な補償にツンドラっ子が懐柔される気配はない。

最低限の日用品は必要であるにしても、ドストエフスキーが描写したアブラハムの子孫のような人びとは伝統文化と自由の強烈な光彩を放っている。豊かな消費生活が幸福をもたらすと信じる「こちら」の都合への同化を、シベリア極北に住む「向こう」の人びとに求めるのは理不尽である。極限的な自然環境のなかで最大限の自由を謳歌するツンドラっ子は、もはや幻想ではなく、わたしの心に迫るリアルな姿だった。

シベリアこぼれ話――3

ツンドラに帰る子どもたち

「お願いです。わたしの腕に日本語でサインしてください」

一〇人ほどのネネツ人の若者たちが腕まくりをしながら、わたしを取り囲んだ。ものすごい熱気だ。むっちりした腕を差し出し、わたしはボールペンを使って漢字でサインした。ネネツ人にとってかなり複雑な筆跡のようで、どよめきが上がった。わたしが教室の様子を見渡すと、生徒たちがわたしのサインを互いに見せあいながら談笑していた。

このエピソードは、わたしがサレハールド滞在中の二〇一一年九月二七日のことだった。モスクワから飛行機で北東に三時間。ヤマール半島の付け根に位置するサレハールド市は人口五万人、ヤマール・ネネツ自治管区の行政拠点だ。でも、周辺都市と道路で結ばれていない地の果てだ。

わたしはヤマール極北農業経済中等専門学校を訪問し、一五歳から二〇歳までのネネツ人たちと出会った。彼らはこの専門学校で、トナカイの畜産業を勉強している。トナカイが病気になっても、ツンドラには獣医はいないからだ。生徒たちはツンドラで遊牧生活をおくる家族から離れて、一部屋三、四人の寄宿舎（全部で七七室）に住んでいる。各階に共同キッチンが設置されており、みんなで食事を作っている。

わたしは教室で、こんな質問をした。

「ツンドラから寄宿舎の生活に移って、びっくりしたことはなんですか」

丸い顔をした男性がはにかみながらも、スッと手をあげた。

「シャワーを浴びることです。身体を湯で洗う習慣は、遊牧民にはありません。最初にシャワーを使ったとき、皮膚がとても痛く感じ、我慢できませんでした。いまでも、シャワーを浴びることはほとんどありません」

チュームにはベッドも水道もトイレもなく、宿舎生活は快適のはずだ。町に出れば、スーパーで日用品をすぐに手にできる。便利な日常生活に慣れてしまうと、チュームを生活拠点とする伝統的な遊牧生活に戻ることはできるのだろうか。わたしの問いかけに、男の子が首を横に振った。

「二年間の学習を終えたら、チュームに戻ります。家族や親戚といっしょにトナカイの世話をする生活を再開します。教室に何十人もいると、息苦しく感じられます。ロシア語で書かれた教科書を勉強するのはつらいです」

たしかにツンドラの開放的な生活と比較すると、手狭な寄宿舎に住みながらの規則正しい生活は窮屈のようだ。その一方で、寄宿舎でたくさんの友達と知り合える喜びもかみしめている。同じネネツ人でも親族以外に接する機会はほとんどなかった子どもたちにとって、特に異性との出会いは刺激的なようだ。

「ときには恋愛感情が芽生えて、結婚にいたるケースがあります」

わたしの耳元で囁いた男の子の笑みがこぼれた。

第四章　辺境の村を訪ねて

トゥヴァー人の幸福

トゥヴァー到着

ロシアでは近年、世論調査が頻繁に実施されており、結果が発表されても人びとの関心をよぶことは少なくなっているが、二〇一三年四月二五日に公表された数字だけは衝撃的だったようだ。トゥヴァー共和国の人びとの幸福度がロシア全土でもっとも高く、八六パーセントに達したのだ。一八歳から二四歳までに限れば、九二パーセントまで伸びた。モンゴルと国境を接し、ステップが広がる不毛地帯のトゥヴァーの人口は三一万一七六一人。幸福度が驚異的に高いのと対照的に、ロシア国内で経済的にもっとも貧しく、犯罪率も高い地域の一つと考えられている。生活が苦しいはずなのに、なぜ幸福度は世界でトップクラスの水準にあるのだろうか。ロシア国内の有力調査機関のひとつ

「世論財団」が発表したこの八六パーセントという数字は、同時期のほかの調査機関が実施した世論調査でも同様の結果が得られている。

モスクワ住民は都市生活の濃密な人間関係、利益を追求する職場で精神的なストレスをためこんでいる。その過剰な負担を少しでも解消するために、便利な生活や華やかな消費に幸せを見出すひとがふえている。高級デパート、豪奢なレストラン、きらびやかな娯楽施設、さらに市郊外には林立する豪邸。富裕者にかぎらずふつうの市民でも、最低限の消費生活を享受できる。それでもモスクワ住民の幸福度は、貧弱な商業施設しかないトゥヴァー人よりも二〇ポイントほど低い。トゥヴァー共和国の首都クズィール市の人口は一一万三〇〇〇人、市内を歩きまわってもカフェーは二、三軒を数えるだけだ。

モスクワっ子でトゥヴァーを知るひとはとても少ない。モスクワから南東に四八〇〇キロ離れており、民族紛争やモンゴルとの国境問題、テロ事件や事故でニュースになることもない。モスクワからクズィールに乗りいれている航空会社はなく、シベリアの周辺都市を結ぶ鉄道も整備されていない。陸路ではクズィールの北七〇〇キロに位置するクラスノヤールスクとのあいだに毎日三便の乗り合いタクシーが定期的に運行されており、所要時間は一四時間五五分、料金は一五四二ルーブル（二六五二円）だ。ただ、狭い道で山岳地帯を越えるので、夜行便に乗車するには危険への覚悟が求められるらしい。

空路となれば、同じクラスノヤールスクから週二便の小型機が飛んでおり、飛行時間は一時間半ほどですむ。二〇一四年末まではイルクーツクからソ連製のプロペラ機が週三便ほど運航していた。一九九九年に設立されたイルクーツク空港を拠点とする小さな航空会社で、おもにシベリア各地を結んでいる。二〇一四年九月三日午前一一時二〇分に出発するイラエーロ航空一四五便に搭乗することになっていたわたしは、出発の二時間半まえに空港に到着した。だが、そこで二時間の遅延が告げられ、さらに午後一時まえに三時間、午後四時にはもう二時間の遅れが放送された。

七時間の遅れで飛行機はようやく離陸、北西に向けて飛ぶ機窓からは、右手にバイカル湖からブラーツク貯水池に流れるアンガラー川までが見える。一時間半ほど飛行すると、機体は左側に大きく傾き、南下をはじめた。トゥヴァー共和国とシベリアの中心都市クラスノヤールスクのあいだに壁のようにたちはだかる西サヤーン山脈が見えてくる。一〇分ほどで、二五〇〇メートル級の山々の岩肌が窓のすぐそばに迫った。

山脈を越えると、こんどは眼下に褐色のステップが広がる。イルクーツク郊外の湿潤な森林地帯が陽光をあびて映しだす深緑の輝きとはまったく異なる風景だ。基本的に植物の自生は可能のようだが、乾燥気候のために大きく成長できない。モンゴルとの国境付近を東西に延びる連峰を水源とするエニセーイ川がクズィールのすぐ北側を流れているのが見えてくると、飛行機は高度を下げはじめた。クズィール市街地を西から東にまわりこむように着陸態勢に入り、二七〇〇メートルと短めの滑走路に無事に着陸した。飛行時間は二時間四〇分で、現地時間は夜九時半すぎだった。

予約しておいた小さなホテルでわたしがパスポートを手渡すと、従業員の若い女性はパソコンの画面を見ながら首をかしげる。

「ホテルは満室ですので、宿泊できません」

わたしは日本からメールで予約していたので、ホテルからの「予約ＯＫ」と記した返信メールを見せると、女性は苦笑いを浮かべた。

「あなたに返信した女性は、二カ月まえに解雇されました。勤務態度が悪く、支配人とトラブルを起こしたのです。この九月上旬はトゥヴァー共和国がロシアに編入されて一〇〇周年の大規模な式典が開催されるので、空室はありません。市内には二つのホテルがありますが、どこも満杯です」

念のために各ホテルに電話で問い合わせてくれたが、やはり空室はなかった。時間は夜一〇時をまわっており、とりあえずロビーのソファーで休めるように懇願したが、拒否された。わたしがすっかり困惑してしまっていると、女性がある提案をしてくれた。

「市内にはふつうのトゥヴァー人が住むアパートのフラットを貸しだしている所有者がいます。料金も一泊八〇〇ルーブル（一三七六円）と格安ですが、食事はついていません。電話で照会してみましょうか」

彼女は電話番号案内で複数の電話番号を聞きだし、一件ずつ尋ねてくれた。三つめのアパートに空室が見つかり、所有者は深夜でも入室が可能だという。さっそくタクシーをよび、市の南部を東西に結ぶカチャーロフ通りに面する四階建てのアパートの二階に宿泊できることになった。四〇代の夫婦がわたしをアパート入口で迎え、鍵を受けとった。建物は四〇年以上もまえに建築されており、階段は薄暗く、すえた異臭が漂っている。フラットには居間と寝室、キッチン、バス、トイレがあり、わたし一人が過ごすには十分の広さだ。ただトイレが故障し、流し水がたえず音をたてて流れているのには閉口した。

ロシア領土でありながら、風景も空気も人びとの顔つきも違い、トゥヴァー人たちはトゥヴァー語で会話しあう。ロシア語での意思疎通は可能だが、独特のアクセントが気になる。クズィールに到着するやいなや滞在先を探すというトラブルに見舞われ、トゥヴァーに滞在することに不安を感じて後悔の念にかられてしまいそうになる。でも逆にいえば、不運なスタートだったがゆえに、なぜトゥヴァー人の八割以上がしあわせと感じるのか、余計にその謎に迫ってみたくなってきた。

ロシア人にとってのトゥヴァー

わたしがトゥヴァーに発つことを知ったモスクワ市内に住む知人たちは首をかしげながら、異口同音にこう確かめる。

「共和国名は、学校の授業で耳にしたことがあります。もう二〇年以上もまえのことなので、よく覚えていません。正確な名称は『トゥヴァー（Тыва）』なのですか、それとも

『ティヴァー（Тыва）』なのですか」

一般的な傾向として現地で「ティヴァー」が多く用いられているのは、トゥヴァー語の発音に近いからだ。共和国以外で「トゥヴァー」の表記が多くなるのは、ロシア語の音になじみやすいからであろう。といっても、共和国内でロシア人のように「トゥヴァー」と声に出しても、とがめられることはない。

イルクーツクの空港でクズィール行きの飛行機が遅延することをモスクワの友人にメールすると、すぐに返信がきた。

「トゥヴァーは未開の辺境地（дикий край）だよ。かれらは欧米流の消費文化を知らず、インターネットも携帯電話も無縁の生活をおくっているんでしょう。モスクワに旅行するチャンスがあれば、自分たちがいかに貧困な生活をおくっているのか、その悲惨な実態に気づくはずだよ。そうなれば、トゥヴァー人の幸福度は急落するに違いないよ」

トゥヴァー共和国内のロシア人は人口の二〇パーセントに満たないが、モスクワの友人の見方は本当だろうか。

アジアの中心

ここで、トゥヴァーについて説明しておこう。前述のようにモスクワから南東の方向四八〇〇キロに位置し、シベリア南部の山岳地帯に広がっている。面積は一六万八六〇四平方キロメートル、日本の総面積の四五パーセントに相当する。共和国の北側には険しい西サヤーン山脈が東西に延び、西側にはアルターイ山脈、南側にはモンゴルとの国境にそびえるターンヌ・オーラ山脈が連なっている。これら三〇〇〇メートル級の山々に囲まれたトゥヴァーは、まさに「陸の孤島」のようだ。

トゥヴァーがロシア帝国に編入されたのは一九一四年のことで、それ以前は一六三六年に満州で建国された清朝の統治下にあった。当時、同様に中国の統治下にあったモンゴルとの交流が盛んだった。ロシアは一九一一年に勃発した辛亥革命の社会的混乱に乗じてトゥヴァー人の分離・独立運動を支援し、トゥヴァーは一四年にロシアの保護領となり、一七年のロシア社会主義革命後の内戦時には白衛軍によって占領された。この白軍に抗した赤軍の支援を受けてトゥヴァー人からなるボリシェヴィキは二一年、トゥヴァー人民共和国を設立する。トゥヴァーが人民共和国としてどれだけの自治権をソ連政府にたいして確立したかについては不明だが、四四年にはソ連邦を構成する正式な共和国になった。

トゥヴァーは「黄色い大陸」と称されるように、アジアの色彩が濃い。クズィールの最大の名所は、この地が「アジアの中心（Центр Азии）」であることを誇るオベリスクだ。この記念碑は、大エニセーイ川と小エニセーイ川が合流する地点に尖塔が天をつくように据えられている。オベリスクの台座に地球儀が彫られ、正面に向けられたアジアの地図にはトゥヴァーの位置に星マークがつけられている。アジアに由来する「アジャーナ」というファーストネームの女性もたくさんいる。

でも、トゥヴァーの経済指標（二〇一〇年）は悲惨というほかない。ロシアの八五の連邦構成主体のなかで位置づけると、商品生産高は八〇位、就業者数は七七位、投資額の一人あたりは七六位、失業率の高さは五位である。平均月収は二万二〇〇〇ルーブル（三万七八四〇円）、モスクワの半分の額にとどまっている。一〇〇〇人あたりの犯罪件数は三八番目に多く、アルコール依存症が引き起こす殺人事件が頻発している。失業者の多さがアル中患者数を押しあげており、生活費をめぐる暴力事件も多発している。

では、トゥヴァーの経済活性化にはどのような施策が必要なのだろうか。トゥヴァーに滞在中、二〇人ほどに尋ねてみた。「工業生産力をあげることが優先課題だ」と唱える一方で「農業を推進することが先決だ」との意見、他方で「自然を生かす観光事業の発展が急務だ」という声もあがる。ただ、かれらの表情を観察すると、どこか他人事のような言い方に終始する。「幸福度が高いのだから、現状のままでよい」と目じりをさげる人も多い。

最大の問題は、トゥヴァーとシベリアの近隣都市を結ぶ交通手段が制約されていることにあるが、懸案だった鉄道建設がはじまった。クラスノヤールスクから延びる線路はクズィールを通り、そこからエニセーイ川にそって南西方向に二二キロのエールベーク集落に終着駅が建設されることになっている。集落の人口は一〇一五人（二〇〇七年）、トゥヴァー人だけが住む農村だ。わたしが九月五日にこの集落を訪問したとき、六人の住人が集まってきたが、一人の女性から鉄道建設への非難が語られた。

「鉄道の敷設工事は山肌を削り、ステップを壊し、自然環境を破壊します。モンゴル、その先の中国とロシアとの関係強化というのがモスクワの思惑なのでしょうが、トゥヴァーが犠牲になるのはダメです。よそ者がトゥヴァーにやってきて、わたしたちの文化や風習を野蛮だと勝手に貶めるのには耐えられません。かれらと軋轢が生じ、犯罪が増加するかもしれません」

プーチン政権は近年、アジア諸国との経済関係の強化を打ちだしている。ウクライナ紛争をめぐって欧米諸国との経済協力関係が落ち込んでいるために、ロシアはトゥヴァーを経由する中国、モンゴルとの物流増大に期待を寄せている。

トゥヴァー人とロシア人

トゥヴァーの民族構成をみると、チュルク語族のトゥヴァー人が人口の八二パーセントを占めている。つぎに多いのはロシア人の一六パーセント、残りの二パーセントはハカーシ人、タタール人、ウクライナ人、アルメニア人、キルギス人、ブリヤート人とつづく。ロシア全土でロシア人の占める割合は七九・八パーセントなので、トゥヴァーは

自分たちの文化を守りたいエールベーク集落のトゥヴァー人

ロシア国内にあってロシア人が極端に少ない地域といえる。

トゥヴァーと同様にロシア人の割合が小さい地域は、カフカース地方に点在する。もっとも少ないのはイングーシ共和国の一パーセント、隣接するチェチェン共和国では四パーセント、ダゲスタン共和国は五パーセントにとどまる。これらの共和国ではイスラム教徒が多数を占めており、ロシアにたいして自立性を高める動きが先鋭化していて、プーチン政権に揺さぶりをかけている。このようなイスラム教徒が中心のカフカース地方の共和国とちがって、トゥヴァーはロシア人の構成比が一六パーセントとやや多いとはいえ、ロシアからの分離やプーチンに自治権を突きつける動きは表面化していない。

だが、クズィール市内で出会ったロシア人の男性は路上で、こう耳打ちした。

「トゥヴァー人は、『不可解な人たち（черти）』だよ。ロシア語を話せない人たちがいて、文化も風習も宗教もちがう。ロシア人とくらべて鼻は低くて顔は丸い。だから孫は『つぶれた顔』のようだといっている。トゥヴァー人とのあいだには適当な距離感が大切だよ」

では、トゥヴァー人はロシア人をどのように思っているのだろうか。鉄道の終着駅が建設予定の前述のエールベーク集落で、子どもを抱える日焼けした三〇代の女性は、あからさまに揶揄する。

「両親から聞いた話ですが、ソ連時代にわたしたちの集落の近くに鉱山がありました。ここにソ連各地からロシア人が労働者として送りこまれてきましたが、ソ連邦崩壊後に全員が去っていきました。両親の世代はロシア人を『役立たず（чаппан）』と蔑んだり、ときには『雑草（сорняк）』と揶揄したり、野山に自生する『ニガヨモギ（полынь）』のような奴らだと非難することもあったようです」

ニガヨモギはトゥヴァーの南部に分布し、独特の苦みがある。楽園から追いだされたヘビが地上で這いまわったところに生えてきたといわれている。流入するロシア人はトゥヴァー人にとって、周囲の山々の自然環境を壊す苦々しい存在だったらしい。ロシア人はエールベーク集落の発展に貢献することも、トゥヴァー人と積極的に交流することもなく、地元住人の目からみれば「頼みもしないのにやってくるしつこい人たち」と映ったようである。このように互いに感情的な違和感を抱くトゥヴァー人、ロシア人もおり、一九九〇年五月から六月にかけて七つの村で一時的に対立が先鋭化したが、その後はすっかり沈静化している。個人的な思いは十分に抑制されているように感じられ、わたしの知るかぎりではトゥヴァー民族主義者もロシア民族主義者もほとんどいないようだ。

モンゴル国境の村

クズィールに滞在中の九月六日、わたしはモンゴルとの国境に近いナリーン村を訪問した。クズィールから国道五四号線（通称エニセーイ道路）にそって南に二五〇キロ、途中、天空をつくようにそびえる高い山がつぎつぎと黒い山肌を露わにする風景に驚いた。樹木が生えていないので褐色の岩が不気味につき出し、尾根や山腹の微妙な起伏が陽光に影を落とす。その明暗が幻想的な風情を醸しだしていた。

クズィール郊外の山を縫うように走る道の海抜は一〇〇〇メートルに達する。空気が澄んでおり、ジャンプすれば頭が天に届くと錯覚するほど空が近い。クズィールから一一〇キロの地点にある途中のクズィール・アリーク村では、羊飼いの男性の姿がたくさん見られ、モンゴルとの国境にまたがる三〇〇〇メートル級のターンヌ・オーラ山脈が迫ってくる。道沿いのソーイ川は、エニセーイ川の源流のひとつだ。

モンゴルとの国境の手前四〇キロの地点を左折すると、デコボコの山道に変わる。砂利が車輪でまきあげられ、車の底をボコボコと打ちつける。三〇キロ走破したところで、木造の家屋が点在するのどかな集落が広がった。トゥヴァー人が住む人口二〇〇〇人のこのナリーン村に連れてきてくれたのは、トゥヴァー人男性のナギーン・モングーシだった。大柄で四〇歳のかれは道路脇の老人にトゥヴァー語で声をかけたが、会話がまったく成立しない様子だ。ロシア語とトゥヴァー語の両方を話すことができるのだが、けげんそうな面持ちだ。

「村人はわたしと同じトゥヴァー人なのですが、かれらの言語はモンゴル語のようです。だから同じ民族であっても、村人の話は理解できません」

クズィールに住んでいるナギーンは、トゥヴァー語が通じないことに驚いている。ナリーン村からはクズィールよりもモンゴルに行くほうがはるかに近く、ソ連邦に編入された一九一四年までモンゴルとの交流が盛んであった。村人の男性ヴィークトル・ベームはわたしを自宅の庭に案内し、丸太に腰掛けながら率直に日常生活を教えてくれた。五一歳のかれはロシア語が苦手のようだが、懸命に語りかけてきた。

「家庭ではむかしからモンゴル語で会話しているので、久しぶりにロシア語を話しています。村人たちは自給自足の生活で、ほとんどの家族が家畜を飼っています。トナカイや羊が中心で、それらの肉を食べ、毛皮をモンゴルやトゥヴァーの業者に販売しています。家畜はわたしたちの生活の糧なので、村人たちは互いに『家畜の機嫌はいかがですか』と挨拶を交わします」

妻と三人の娘と生活しており、家畜だけでは生活費を十分に捻出できない。だから夏になれば建設労働者としてモンゴルに出稼ぎにいくが、冬季は村にこもるとうつむく。ナギーンは会話に参加せずに、道端にとめた車内でトゥヴァーの民族音楽を大音量でかけていた。村人は自分と同じトゥヴァー人なのにトゥヴァー語ではなくロシア語で会話することに、心理的な抵抗があるからだろう。

男性と別れ、村役場に向かった。平屋の小さな建物のまえの広場で、二人の女性と出会った。その一人はアリーナ・セークベと名乗る三四歳の主婦だった。

「村人の全員が仏教徒です。ここから二〇〇メートル先に仏教寺院があり、村内にラマ僧（僧侶）は一〇人います。ただ本格的な宗教行事を執り行なうために、モンゴルから毎月一度、きちんと勉強したラマ僧にきてもらっています」

ナリーン村が途絶えていたモンゴルとの宗教的な交流を本格的に再開したのは、ゴルバチョフ時代の一九八八年だった。トゥヴァー人のあいだで仏教への信仰が復活してきたのだが、共産主義への信頼がゆらぎ、伝統宗教がよみがえったことだ。興味深いのはモンゴルからの協力をえて伝統宗教がよみがえったことだ。セークベのよこで話を聞いていた子ども連れのもう一人の女性ブーヤン・サヤーナが会話に加わり、隣の文化会館を指さしながら珍奇な出来事を明かした。

「わたしたちが仏教寺院の建設計画を模索していたときのことです。ロシア正教会が村に寺院を建設するという噂が広がり、村人はとても動揺しました。真相は不明でしたが、ロシア人の宗教にわたしたちは関心がありません。村に仏教寺院を建設するには膨大な建設費がかかりますから、すぐに建てることはできませんでした。ソ連時代の文化センターをあわてて改築し、村人が毎週土曜日にディスコをたのしめるようにしました。村には娯楽施設がなかったので、若者たちがロシア正教会に入信するのをふせぐためだったのです」

豊富な資金力をほこるロシア正教会はソ連崩壊後、シベリア各地に宗教施設を建設している。加えて商店で宗教用品を販売したり、聖水と称するミネラルウォーターやパン類を売ったりしながら、人びとの日常生活のなかに浸透をはかっている。村人は、こう

モンゴルとの国境に近いナリーン村
に住むヴィークトル・ベーム

ナリーン村のアリーナ・セークベ（右）

したロシア正教会が、暇を持て余す村の若者に触手をのばすのを警戒したのである。

現存するシャマニーズム

じつは最近まで、トゥヴァー人ならだれでも知っている建物がクズィール市の中心部に建っていた。エニセーイ川にそって東西に走るクラースヌィエ・パルティザーヌィ通りと南北に延びるコムソモール通りが交差する一等地の貧相な木造建築物だ。横に細長く、「農民小屋（изба）」のようで、周囲は四、五階建てのコンクリート造りの建物で囲まれている。一九世紀後半の建築らしく、名称は「シャマーン・クリーニカ」だった。シャマーン（シベリアが発祥地といわれるので表記はロシア語のアクセントに従う）が、トゥヴァー人を治療する診療所なのだ。

この診療所の所長はながい間、トゥヴァー共和国内で「もっとも強いエネルギーを放出する」といわれたアイ－チゥーレク・オーユンだった。彼女は七人のシャマーンとともに、病気の治療をはじめとして来訪者の人生の悩み、さらには運勢を占っていた。ただアイ－チゥーレクが二〇一〇年一一月二一日に他界したので診療所は閉鎖され、現在はトゥヴァー共和国政府社会医療専門家センターが入居している。かつてのシャマーンに替わって、各診療科の専門医が住民の健康相談にのっている。

シャマニーズムはトゥヴァー人を含むシベリア先住民族に特徴的な原始宗教であり、天を神格化し、自然界との密接な関わりが信仰の基盤となっている。天神に人びとの精神的な帰依を求め、天神がときどき凶作や自然災害を引き起こすのは、人びとに言動の自戒を課すからだと信じられている。わたしをナリーン村に案内してくれたナギーン・モングーシは、車内でシャマニーズムの唱える神の実在性を解説してくれた。

「トゥヴァー人は、一つひとつの山、峠、川、さらには水源に宿神がいると信じており、崇拝の象徴としています。これらの宿神は天神のもとで山、川、峠、水源を管理する神々であり、これらの存在を感知できるのはシャマーンだけです。ただ、一人のシャマーンがすべての宿神と交信できるわけではなく、基本的に一つの宿神にかぎられます。トゥヴァー人の生活には現在でもシャマニーズムによる古い慣習が残っているので、山や峠のところどころにある『積石（оваа）』で祈禱しています」

積石がある場所は宿神と世俗の神聖な境界地であり、その周囲にはたくさんの棒を縦横に組みあわせてたてつけられた物干し竿のようなものや棒を束ねてピラミッドの形を構成しているものがある。これらの棒にはさまざまな色の祈禱布（ロシア語では повязка、トゥヴァー語で чалама）がくくりつけられており、幾重にも重なる色の層をなしている。トゥヴァー人は生まれた月ごとに定められた自分の色をもっており、一つひとつの色には象徴的な意味が込められている。たとえば白色は幸運と成功、青色は偉大な天空、緑色は自然、黄色は宇宙、赤色は富と健康といったものだが、黒色だけは不吉な色として祈禱布に用いられることとはない。

トゥヴァー人は、積石のよこを通りすぎるさいには祈禱布を棒に巻きつける。このような風習はシャマニーズムを崇拝するシベリア各地で見られ、祈禱布を巻く行為の意味についてナギーンは説きあかした。

「棒に自分の祈禱布を巻くことで宿神との一体感を創り出し、天神への帰依を表明するのです。ご利益として、家族の幸福と繁栄がもたらされると信じられています。毎年、夏になれば、シャマーンが自分の信者を引き連れて宿神のいるさまざまな地で祈禱する伝統行事が行なわれています」

ふつうのトゥヴァー人は宿神の姿をとらえることはできないが、ナギーンはその存在を見てとることができる場所があると目を細める。クズィールから国道五四号線にそって南東に車で四〇分走ったところにツェリーンノエ集落があり、そこから徒歩で山道を東の方向に二時間ばかりいったところに一三三八メートルのエレジーンニク-ダク山が大地に根を据えるように見えてきた。麓に近づくと、褐色の地肌から高さ四メートル、横幅三メートルの赤茶色の大きな岩がせり出している。その表面に金色の模様がいくつも浮きたち、陽光をあびてきらきら輝いている。だが少し離れてみると、ナギーンが形容するようにその有り様は全体像として「宿神の大きなひとつの足跡」のような形状だ。神が地上に出現した痕跡だというのだ。

さらにクズィールの南五一キロのステップのなかに、ドゥース-ホーリ湖がある。南

ステップに点在する聖なる地の祈禱布

北一四〇〇メートル、東西五〇〇メートルと長細い形なのだが、塩分濃度が二八パーセントと海水の八倍ほど高く、湖水を口に含むと思わずむせてしまった。乾燥地帯で暮らすトゥヴァー人にとって体温を維持するために塩は生活必需品で、ドゥース－ホーリ湖は「神の恵み」だと信じられている。

ナギーンは、「自然と人間の濃厚な一体感がトゥヴァー人の幸福度を押しあげており、お金やモノへの欲望とは無縁の精神世界を構築しているのだ」と笑みをこぼす。超自然的な存在との密接な交流を基盤とする宗教が現在も存続していて、トゥヴァー人の心を癒しているのだろう。逆にいえば、自然から切り離された人間がいかに物欲を暴走させてしまうのか、ナギーンの話は文明の進化とともに自然感覚を喪失したわたしたちへの警鐘のように響く。

シベリア各地の先住民にとってシャマニーズムは先祖からの宗教であったが、ロシア帝政時代に推進されたロシア化と近代化で少しずつ消失していったところが多い。そして、ソ連時代の無神論政策で決定的に破壊されてしまった。このような帰趨とは対照的に、トゥヴァーは例外的にシャマニーズムを色濃く残している。それが可能だったのは、ソ連邦に編入されたのが一九一四年とほかの地域よりも遅かったこと、そしてトゥヴァー共和国へのロシア人の流入も相対的に少なかったからであろう。

エレジーンニク‐ダク山麓で出会った子どもたち

シャマーンの診療所

九月九日の昼すぎ、わたしはクズィールの南東の端を東西に抜ける砂利道のシェフチェーンコ通りに足をのばした。アパートから四〇分も歩くと、容赦なく照りつける陽光に空気の乾燥が加わり、身体から水分がどんどん揮発していくような気がする。ようやく黒っぽい板壁の木造住宅が道路の両脇に並ぶ閑静な地に「クマの聖霊（Дух медведя）」という看板がかかげられた建物を見つけた。シャマニーズムによれば、クマはトゥヴァー人の起源で、かれらはもっとも激しい「第九の天空」からクマの姿で舞いおりてきたと言い伝えられている。

ここはシャマーンのいる診療所で、トゥヴァー共和国内の四つの診療所のひとつだ。呪術医の資格を有するシャマーンが勤務している。シャマーンは共和国内に三〇〇人ほどおり、診療所には七人のシャマーンが勤務している。全員が男性で、所長はカラオール・ドプチュノールと名乗る六六歳の男性だった。わたしが診療所の門をくぐったとき、ドプチュノールは敷地内のベンチで休憩しており、低音を響かせて話しかけてきた。

「ここはトゥヴァーのシャマニーズムの拠点で、大勢のトゥヴァー人が訪ねてきます。たんに病の治療だけではありません。人生に苦悩しているひとの相談も受けつけており、家庭内のもめごとや子どもの教育問題、結婚、さらには死者の埋葬地の相談などにも対応していいます。大猟と農産物の豊作の祈願、不幸のお祓い、行方不明者や大切な遺失物の捜索、死者の霊が天国に召されるための祈禱、ときには人生の占いも行なっています。多い日には一〇〇人が来院し、時間帯にはバラつきがありますが、日中は比較的に少なく、仕事帰りの夕方に集中します」

かれが一九九二年にシャマーンになったのは、祖父の説得があったからだと生きいきとした表情で語った。ソ連時代に無宗教キャンペーンが活発に展開され、ロシア正教会もイスラム教も壊滅的な打撃をこうむったが、シャマーンは山脈の奥地に移り住み、生き延びることができた。かれらの信仰の対象は山や川、水源などの宿神であり、不毛地帯に住むことになんの心理的な抵抗も生活の不便もなかったのだ。ちょうど診療所から出てきた三〇代の男性に、わたしはここにきた理由を尋ねてみた。

「わたしは肝硬変を患っています。ふつうの病院の医師が処方した薬を飲んでいますが、大切なことはわたしの心のありようです。同じ病気にかかっても、どのような気持ちで向かいあうかで病状が変わってきます。だれだって病気にかかると、気分がふさぎこんでしまいますが、それに医師は対処できません。シャマーンは病気そのものは治療できないかもしれませんが、心を癒してくれます」

トゥヴァーの医療水準はかなり低く、重い病気を治療できる設備も不足している。だが、重病にかかり、悲嘆にくれることがあっても、絶望の底に陥らずにすむのはシャマーンが病人と家族を精神的に救済してくれるからだと白い歯がこぼれる。穏やかな終末を迎えることができるという安心感が、トゥヴァー人の心の支えとなっているのだろう。

シャマーンは精神生活の改善に寄与してくれるというのが多くのトゥヴァー人の評価であるが、予言能力への称賛の声も聞かれる。わたしが街中で知りあったトゥヴァー共和国内務省に事務職員として勤務するウラーナと夫が、真剣なまなざしで身近な事例を紹介してくれた。

「トイドゥークという知人の男性はある日、シャマーンに出会いました。シャマーンはこの一カ月、かれに自動車を運転することを禁じました。というのも、トイドゥークに鉄の臭いが漂っており、事故に巻きこまれる危険性が高いと予言したのです。でもかれはいつも慎重に運転しているから大丈夫だと一笑に付したのですが、三週間後にかれが運転する車は本当に事故に遭遇し、かれを含む家族全員が死亡してしまいました」

予言が的中した話はトゥヴァー人のなかで大きな話題になり、シャマーンの名が知れわたることになった。だが、逆にシャマーンの霊感がはずれてしまったために不幸になった人もいるかもしれない。このようなケースがあまり表面化しないのは、それを口にするとシャマーンの背後にいる宿神、さらに天神に盾つくことになり、もっと不幸な状況に見舞われることを恐れるからである。

シャマーンの治療を受ける

さて、「クマの聖霊」で働くシャマーンの話に戻そう。わたしはこの機会にかれの治療を受けてみることにした。庭のベンチに座るドプチュノールは呪術医とよばれ、わたしの生年月日、職業、出身地、家族構成などを尋ねる。そして重々しい鋭い眼光をわたしに注ぎながら指示をだした。

「わたしの足下に腰を落とし、両膝を地面につけなさい。つぎに、額をわたしの膝のうえに置きなさい」

ひざまずく格好は、まるでわたしがかれに謝罪し、許しを乞うような体勢だ。ドプチュノールの肉厚の右手がなんどもわたしの首筋をやわらかくほぐし、かれの体温が後頭部から背中へと伝わる。なにか予診を受けているかのようだったが、五分ほどで解放された。立ち上がると、神経の疲れを指摘され、診察室で治療すると告げられた。建物のなかに入ると、板張りの狭い廊下にそって一人ひとりのシャマーンの診察室が区切られている。

かれの診察室に入ると、外気とちがう冷やかな空気にのって薬草の濃厚な薫香が鼻をつく。壁一面をクマの頭、オオカミ、大小の野鳥などのたくさんの剥製が埋めつくしており、不気味さに気持ちが萎縮する。部屋の隅のもっとも神聖な場所には、大きなクマの剝製が置かれており、まるで生きているかのような目つきでわたしを睨んできた。

医療用の器具は用意されておらず、ドプチュノールの執務用の机と椅子、患者用の椅子が置かれている。わたしが戸惑っているあいだに、かれはシャマーンの衣装を着用しはじめた。濃い紫色を基調として、胸元に直径二〇センチの丸い金色の飾り物をぶら下げる。圧巻は頭に載せる三〇センチほどの高さの緑色の帽子で、天辺にたくさんの鳥の羽が突き刺さっている。

衣装に身をつつんだドプチュノールは、執務机の脇に置いていた直径七〇センチほどの大きな太鼓（барабан）とバチを手にとった。椅子に座るわたしの足元から頭、さらには背中にまわりながら、呪文を唱え、太鼓を叩く。神霊の力を利用してわたしの体内に入りこんだ悪霊を追いはらう秘儀のようで、約一五分間にわたって幻惑的な雰囲気にひたった。目を閉じるように言いわたされたが、わたしは薄目をあけてシャマーンの動きを追った。

このように神秘的な施しを受けていたが、かれの発した一言でわたしは世俗社会に引きもどされてしまった。かれは太鼓を叩きながらも、その音にかき消されるほどの小さな声でささやいた。

「あなたは、わたしから天空のエネルギーを感じとりましたね。感じた量を紙幣にかえて机のうえに置いてください」

紙幣ということばに力を込め、小銭は不要だといわんばかりだ。事前に料金の提示は

シャマーンのカラオール・ドプチュノール

なく、しかもわたしはエネルギーを感じとったわけでもなく、いくら支払うべきなのか思案してしまう。財布は鞄のなかにしまいこんでいたので、ポケットをさぐり、三〇〇ルーブル（五一六円）を机のうえに置いた。少額すぎると怒られるかと心配したが、ドプチュノールはわしづかみして、机の引出しにしまいこんだ。

かれは机のうえに一枚の真っ白な紙を広げ、ロシア語で文章を綴る。西洋医学の処方箋に代わるものだろうか。わたしに手渡した以下の文面を一日三回、毎食後に読みあげるようにさとした。

「一、神様！　わたしが過去に、そしていまおかしているすべてのやむなき悪行を許してください」

「二、ご先祖様！　過去にわたしがおかしたすべての悪行を許してください」

「三、神様！　わたしを救済し、護ってください」

「四、神様！　わたしの先祖と子どもたちを救済し、護ってください」

こうして一連の秘儀が終了したところで、わたしはドプチュノールからデジタルカメラで撮影することを許された。室内の様子を二、三枚、つぎにかれを一枚写したとき、突然、カメラのスイッチを入れたり、撮影モードを切り替えたりするダイヤルが動かなくなった。指先が真っ赤になるほど力をこめたが、まわらない。狼狽するわたしにドプチュノールは思わず吹き出してしまい、「慌てることはない」とやさしい声をかけてくれた。マイナス四〇度の酷寒でも機能したデジカメであったが、神霊などの超自然的な存在と交信したばかりのトランス状態にあるシャマーンが放出するパワーで、ハイテク機器は壊れてしまったのだろうか。

独特な仏教

シャマニーズムがトゥヴァーの伝統文化を形成してきた一方で、仏教もむかしから人びとの日常生活のなかに浸透してきた。トゥヴァーが国境を接するモンゴルは、一七世紀に仏教を国教化し、チベット仏教の拠点のひとつとなった。一六九一年に清朝に編入されるまえのモンゴルとトゥヴァーのあいだには国境線がなく、トゥヴァー人はモンゴルでチベット仏教に触れていた。モンゴルからの仏教は一七世紀以降にシベリア一帯に伝播し、各地にダツァーン（дацан）とよばれる寺院が建立された。一八世紀末には仏教がトゥヴァーの正式な国教となり、バイカル湖の東三〇〇キロのブリヤーティヤ市に仏教本庁が開設された。

ロシア国内の仏教徒は意外と多く、トゥヴァー共和国では総人口の八一パーセントを占め、カスピ海の北側に位置するカルムィキヤ共和国の六四パーセント、ブリヤーティヤ共和国の四七パーセントがつづく。この三つの地域だけで、仏教徒は一〇〇万人に達する。トゥヴァーに隣接するアルタイ地方、イルクーツク州、ザバイカーリエ地方などにも多くの仏教徒が住み、ロシア全土では少なく見積もって一五〇万人、最大で二〇〇万人をかぞえるといわれている。このように地域別の分布にムラがあるが、ロシア総人口に占める仏教徒の割合としては一・五パーセントほどになる。チベット仏教の四つの宗派のひとつで代表的な宗派のゲルーク派に属し、ダライ・ラマを最高指導者として崇めている。

ロシア帝政時代に流入した仏教は一九世紀以降、木造建築の寺院を中心に学校、商業施設と銀行、市場、家畜場などが集合した複合施設「フレエー（хурээ）」を開設し、一九一七年のロシア革命直前には一九カ所をかぞえた。総勢四八一三人のラマ僧が勤めていたが、すべてのフレエーが一九四〇年までに破壊された。またバイカル湖周辺に三五棟のダツァーンが存在していたが、これらも消滅してしまった。

仏教はながい間活動を停止していたが、ソ連邦崩壊前の一九九〇年にクズィール市内に最大規模の仏教寺院「ツェチェンリンク」が再建され、仏教復興のシンボルとして注目をあびた。ソ連時代に迫害されたラマ僧の多くはいまや高齢者になっており、仏教復興の推進力となったのは若いラマ僧である。かれらの多くは父親や祖父がラマ僧であり、ソ連時代に家庭でひそかに仏教をおそわっていた。

九月九日、わたしは二七歳のサイダーシ僧とツェチェンリンク寺院で面会した。一階には事務室や面会室が狭い廊下の左右に並び、地下には二〇人ほどを収容できる食堂が配置されている。二階にはさまざまな仏像が安置された祈禱室があり、仏教徒ならば自

ツェチェンリンク寺院のサイダーシ僧

由に入ることができる。サイダーシ僧の説明では、ツェチェンリンク寺院に三四人のラマ僧がおり、トゥヴァー全土では九〇人という。

ラマ僧になることを希望する仏教徒はツェチェンリンク寺院でチベット語を勉強し、そのあとに仏教発祥の地であるインドで八年間にわたって修行する。仏教画に関心をもつ信者は、モンゴルに留学することになるらしい。仏教徒にとってインドやモンゴルは憧れの地であり、経済繁栄のシンボルのモスクワには関心がない様子だ。わたしはトゥヴァー人の幸福度が高い理由を尋ねると、サイダーシ僧はおぼつかないロシア語でこう説きあかした。

「それは、トゥヴァー人が人生に多くのことを求めないからです。どんなに貧しくとも住むところがあり、子どものいる家庭があり、家畜を飼育していれば、十分にしあわせなのです。羊やトナカイを飼っていれば、家族は飢えることはありません。豪邸、高級車、高価なコンピュータは不要なのです。贅沢な生活を欲しませんから、質素な生活でも、わたしたちは満足できるのです」

物欲を抑制し、清貧な生活のなかにしあわせを見出すというのは、仏教の主眼だと力説する。だが、このような生き方ゆえにシャマニーズムも同じように追求し、そもそも仏教が伝来するまえのトゥヴァーはシャマニーズムが人びとの心の支えであった。仏教とシャマニーズムのあいだに軋轢があるのだろうか。

「仏教は、シャマニーズムの伝統文化を積極的にとりいれてきました。シャマニーズム

ツェチェンリンク寺院で合掌する女性

は山、川、水源の宿神を敬っていますので、わたしたちも夏になれば、各村の仏教寺院で収穫祭を催し、家内の安全や繁栄無病息災を祈るために各家庭をまわっています」

モンゴルから伝来した仏教には元来、シャマニーズムのように自然界の宿神と交流する思想はなかった。だが根強いシャマニーズム信仰をまえに仏教徒はシャマニーズムの伝統文化の一部をとりいれることで、トゥヴァー人の心をとらえた。シャマニーズムを否定することは、民衆を敵にまわすことになるからだ。サイダーシ僧は笑顔を浮かべながら、率直に告白する。

「仏教徒の多くはシャマニーズムも信仰しており、シャマーンに救済を求めていきます。かれらの行為をわたしたちがとめることはありません。いまでは、ラマ僧もシャマーンと同様にトゥヴァー人の苦悩を聞き、占いも行なっています」

わたしは、若い女性がラマ僧と面会している部屋をのぞいた。線香の煙がもうもうと立ち昇る室内で仏像を背にラマ僧が女性の家庭内不和を聞き、最後に読経をはじめた。トゥヴァーの仏教はブリヤーティヤ共和国やカルムィキヤ共和国と比べて、独自の発展を遂げたという。まさにシャマニーズムの影響なのだろう。チベット仏教ではラマ僧の婚姻はそもそも許されていないが、トゥヴァーでは容認されており、驚くことに女性のシャマーンと結婚したラマ僧が話題になっていた。

もともとシャマニーズムがトゥヴァーの風習と文化を形成していたところに、仏教が外から導入された。仏教は勢力を拡大するために一定程度シャマニーズムと融合し、シャマニーズムの先祖と自然への崇拝をその不可分の構成要素とすることで、トゥヴァー共和国内での最大宗教に成長したのである。

シャマニーズムと仏教の相克

一方で、先のシャマーンのカラオール・ドプチュノールは、室内で怒気で表情をゆがめて声を荒らげた。外来の仏教が土着のシャマニーズムを凌ぐ勢力になっている状況に不満の様子だ。

「わたしはラマ僧が大嫌いです。仏教は、シャマニーズムとまったく別のものです。仏教はトゥヴァー南方のチベットに由来しますが、シャマニーズムはシベリア発祥の固有の宗教であり、一〇〇〇年以上もの昔に起源があります。トゥヴァー人はシベリア北方民族に属していますから、シャマニーズムがトゥヴァー人の本来の宗教なのです」

ドプチュノールはトゥヴァーをシベリアに位置づけ、シャマニーズムが古来の宗教だと主張する。かれには、トゥヴァーはオベリスクに記されているような「アジアの中心」という認識はなく、仏教はアジアの宗教として切り捨てる。

「モンゴルの仏教徒がトゥヴァーを占領するために、仏教を持ちこんだのです。ラマ僧はトゥヴァーに侵攻する外国人兵士と同じで、背後には中国がいるのです。ラマ僧との対立はたくさん発生していて、たとえばかれらは空港の近くにフレエーを建設しようとしています。とても危険なことで、大地が汚されてしまいます。まさにイスラム教の過激派と同じです。ラマ僧は日本製高級車のランドクルーザーを乗りまわし、豊かな生活をおくっています」

ドプチュノールが鼻息をあらくして仏教を非難する一方で、後手にまわってしまったシャマニーズムが最近、仏教の儀式をとりいれるようになった。祈禱のさいに、仏教儀式で用いられる鈴をまねるようになったという。かつて仏教がトゥヴァー共和国内で圧倒的な存在だったシャマニーズムを模倣することで勢力を拡大したのとは逆の事象が起こっているのだ。でも考えてみれば、できるだけ人びとの支持を得ようとする両者の相克や恨みが裏返しとなってトゥヴァー人の心の拠り所をふやし、幸福の厚みをましているのかもしれない。

シベリアこぼれ話―4

プーチン・カレンダーの舞台

　プーチン氏が二〇〇九年八月、トゥヴァー共和国を夏季休暇で訪問したときのことだ。共和国の西方を流れるヘムチーク川に沿って移動していると、プーチン氏は牧人に遭遇した。彼はプーチン氏を自宅に招待し、一〇歳の息子といっしょに乗馬を披露した。

　ところが、牧人はロシア語がよく理解できず、会話は弾まない。ふだんトゥヴァー語で会話しているからだ。わたしはその場面をニュースでみて、プーチン氏にとって不都合な現実に違いないと思った。プーチン氏は「ロシア愛国主義」を唱えることが多いのに、ロシア語がわからない人の姿が露わになった。すっかりしらけた会話に、プーチン氏は困惑したのだろうか。

　彼は馬に乗っている牧人の息子に、一二〇万円相当のスイス製の高級腕時計をプレゼントした。だが大自然のなかで牧場を営む家族はそもそも時間に拘束されず、時計に価値を見出すこともない。男の子はきょとんとした顔で、状況が飲み込めない様子だった。

　じつは、トゥヴァー共和国は年末に話題となるプーチン・カレンダーの舞台だ。注目されるのは、プーチン氏の筋骨隆々とした上半身である。裸になって馬に乗ったり、バタフライで豪快に泳いだり、魚を釣ったり、二五〇〇メートル級の山々をトレッキングしながら珍しい高山植物を観察したり……。

わたしはトゥヴァーに滞在中、地元民からなんども声をかけられた。

「わたしたちの英雄は、プーチン大統領の盟友ショイグー国防相です。生家が記念館として保存されています。ぜひ、訪問してみてください」

記念館は、クズィールから西に二〇〇キロほどのチャダーン市にある。じつは、プーチン氏が休暇を過ごす山岳地帯はチャダーンの北側にそびえている。国防には国家機密が含まれているので、ショイグー氏はプーチン氏の信頼度が高いのだろう。まさにプーチン氏の腹心なのだ。そのことをトゥヴァー人は、誇りに思っているようだ。

プーチン氏が高級腕時計を牧人の子にプレゼントした場面が、ロシア全土に放映された一カ月後、プーチン氏はモスクワの南一七〇キロのトゥーラ市の軍需工場を訪問した。労働者との雑談で、プーチン氏はトゥヴァー共和国で二〇キロほどのカワカマスを釣り上げたことを自慢した。すると、青い作業着の男性がプーチン氏に近寄り、頼み込んだ。「わたしには、二人の息子がいます。記念に、なにかプレゼントしてくれないか」。プーチン氏は「なにも持ち合わせていない」と即答した。「では、腕時計をください」と労働者は迫った。プーチン氏は、腕時計を外しながら「これと同じものを、トゥヴァーに住む牧人の息子にあげた。プーチン氏は気に入っているので、二個目を買ったばかり」とつぶやいた。

モスクワ在住の友人はわたしに「トゥヴァーではプーチン氏は善意で時計をプレゼントしたのだが、今回は顔が悔しさでいっぱいだった」と同情してみせた。たしかに労働者はプーチン氏を尻目に、したり顔になった。ロシア人は手ごわい。

第五章

閉ざされた山岳地帯の村を訪ねて

ロシア人旧教徒の伝統生活

シベリアのなかの小さなロシア

ところで前章で訪ねたトゥヴァー共和国内で、ロシアはどのような立ち位置にあるのだろうか。もっともロシア的なロシア正教会を訪問すれば、シャマニーズムや仏教が優勢な地におけるロシアの実像を浮き彫りにできると考え、引き続き滞在していた二〇一四年九月四日、クズィール市内にある二つのロシア正教会のうち、ヴォスクレセーンスキー聖堂を訪問した。トゥヴァーの拠点となる教会で、市の中心部から南西に三キロのモスクワ通りに面している。二〇一一年一〇月五日に完成したあたらしい建物で、周囲の索漠とした風景のなかで鮮やかな色彩を放っている。

聖堂の入口で出迎えてくれた修道司祭のエフレーム・カリーニンは、わたしを聖堂の脇にある主教管区管理事務室の二階に案内してくれた。かれは階段をあがりながら、「共和国内に四つの教会がありますが、司祭はわずか七人にすぎません」と悲惨な状況を隠さない。そして机をはさんで向かいあうと、ロシア正教会の苦境の歴史から語りはじめた。

「ロシア正教会が最初に建立されてから、もう一〇〇年以上が経過しました。ロシア人が開墾したクズィール市の北北西七三キロのトゥラーン村で、現在の人口五二八〇人、ロシア人が村民の五九パーセントを占め、トゥヴァー共和国内でロシア人がもっとも多い小さな村です。ここにロシア正教会が建立されたのは一九一一年で、トゥヴァーがロシアに編入された直後のことでした。でも正教会の活動が本格化することはありませんでした。クズィール市内にはじめてロシア正教会が出現したのはスターリン時代の一九二九年ですが、この時期はロシア全土で宗教施設が破壊されたころです。トゥヴァー人をロシア正教会に通わせてロシア化するというソ連政府の思惑があったのかもしれませんが、真相はわかりません」

クズィール市内で最初に建立された聖トロイーツァ寺院は、市内の南端を走るオユーナ・クレセージ通りにある。シャマーンが働く「クマの聖霊」から一〇〇メートルほどのところだ。木造の古い住宅街のなかにひっそりと佇んでおり、通りの名称は、一九二〇年から四〇年代までトゥヴァー人民共和国で活動した人民革命党の指導者に由来している。現在、司祭の人数が少ないために、大きな宗教儀式を執り行なうさいにはロシア各地から司祭が派遣されてくるとカリーニン司祭はこわばった表情を浮かべた。

トゥヴァー語に翻訳された聖書

トゥヴァー人を相手に布教活動を行なうむずかしさについて、カリーニンは率直に心情を吐露する。語り口に気負いは感じられないが、半ば開き直っているかのような沈鬱な表情だ。

「トゥヴァーの祈禱方法は、ロシア国内のほかの地域の正教会とくらべると相違点があります。というのも、トゥヴァー語に翻訳された聖書を用いているからです。翻訳作業には二〇年というながい年月をかけ、翻訳したのはトゥヴァー人たちでした。かれらはロシア正教会の洗礼を受けていませんでしたので、ロシア語で書かれた聖書の一つひとつの単語の意味を正確に把握できず、精神世界の微妙なニュアンスに分け入って理解できていませんでした。誤訳の箇所も散見されます」

トゥヴァーでロシア正教を普及させるには、トゥヴァー語の聖書が不可欠である。一九八〇年にはロシア語を話す人口は全体の三三パーセントだったのに、二〇一四年には一八パーセントとほぼ半減している。ソ連邦崩壊後にトゥヴァーからシベリア各地に去ったロシア人が多かったからだ。

カリーニンが言い添えるには、礼拝の仕方がシベリアのほかの地域と異なるのは言語の問題と同時に、ロシア正教会が西隣のハカーシャ共和国を経由したことも大きいらしい。ハカーシ人はチュルク語系の民族で、もともとシャマニーズムを信仰していた。モスクワから東進したロシア正教会はウラル山脈を越えてシベリアに入り、さらに南東方向へと進むなかで、シベリア各地に浸透するために地域の伝統的な独自性をある程度受容し、このことで本来の性質から少しずつ変容したものがつぎつぎとほかの地域に伝播していったのである。

プーチン政権下で近年、ロシア正教会がシベリアに勢力を広げているが、聖書が翻訳されているのはトゥヴァー語とチュヴァーシ語だけである。チュヴァーシ共和国の首都はモスクワの東方六三〇キロのチェボクサーリ市で、チュヴァーシ人が人口の六八パーセントを占める。かれらの多くはアニミーズムやイスラム教を信仰し、ロシア正教徒は少数派だ。正教会がトゥヴァー人に浸透しない理由を、カリーニンはこう分析する。

「トゥヴァー人の各家庭には、先祖代々からのシャマーンがついていますし、身近な存在として仏教寺院もあります。わたしたちの聖堂ではロシア人にまじってトゥヴァー人も見かけますが、割合でいえば四分の一、または五分の一にすぎません。かれらと話すと、仏教徒であったり、シャマニーズムの信仰者であったりします。だから、ロシア正教会の洗礼を受けることはありません」

わたしにとって意外だったのは、トゥヴァー人のなかにシャマニーズムと仏教を信仰しながらも、ロシア正教会にくるひとがいることだ。ただ、カリーニンはロシア正教会に本気で傾倒しないのには私的な事情も密かに関わっていると困惑する。

「トゥヴァー人にとって正教徒になることは、ロシア人になることに等しいのです。たとえ本人がそれを希望しても、家族や周囲の友人から反対されるようです。トゥヴァー人はそもそも宗教についての理解が浅く、神は仏教界でブッダ、ロシア正教会でキリストといわれているという違いのレベルにとどまっています。民衆の多くは、仏教とキリスト教の違いさえもよくわかっていません」

トゥヴァー人がロシア正教会に行くのは、教義の学習や礼拝が目的というわけではないらしい。仏教寺院やシャマーン診療所とちがって鮮やかなモザイクで装飾される華麗な教会を、いわば好奇心でのぞいてみたいからだというのだ。この動機が、カリーニンからは宗教への無知に映るのだろう。

わたしが滞在するアパートのまえを東西に走るカチローラ通りにそって西方に散歩しているとき、比較的あたらしい平屋建てを見つけた。外壁の赤い看板には「福音の光教会」と記されている。一七世紀にイギリスで誕生したキリスト教プロテスタントの宗派である。ソ連邦崩壊後の一九九〇年代半ば以降、シベリア各地への進出が著しく、クズイール市内では一九九四年に宗教法人として登録されている。わたしが入口のあたりに立っていると、三〇代のトゥヴァー人の男性が近づいてきた。目深に帽子をかぶり、黒いTシャツにジーンズをはくこざっぱりした服装が印象的だ。

「わたしはキリスト教に関心があるのですが、残念なことに周囲の目がありますので、ロシア正教会に通うというわけにはいきません。福音教会ならわたしの友人はだれも知りませんので、安心です。でも大切なのは福音教会のなかでみんながロシア語ではなく、トゥヴァー語で会話し、一体感がみなぎっていることです。キリスト教に入信したからといって、ロシア正教会のようにロシア人になることを意味しないのです」

タイガーの道

カリーニンが別れ際、わたしに貴重な情報を提供してくれた。

「クズィールから小エニセーイ川にそって南東に一三〇キロほどの山岳地帯にエルジェーイ集落があり、ロシアの古い伝統文化を守っている古儀式派のロシア人がひっそりと暮らしています。わたしたちと同じロシア正教徒なのですが、一七世紀半ばにわたしたちから分裂した宗派です。トゥヴァーに住みながら、わたしたちは一度も接触したことがありません。だから、かれらの生活についてはまったく知りません」

ロシア正教会の司祭は古儀式派を異端と断じており、カリーニンから接触を求めることはできないと二の足を踏む。身を隠すように住むかれらの存在を知るトゥヴァー人はとても少なく、クズィール市内でわたしが尋ねてもだれもが半信半疑の表情を浮かべた。

古儀式派とは一六五三年から六七年にかけてのニコン総主教が主唱するロシア正教会の改革に反対したロシア人のことである。ニコンは世界標準の祈禱方式にあわせることで、モスクワを「第三のローマ」として再生しようと試みた。これを受け入れなかった数百万人の正教徒は抑圧を恐れて、ふたつの方向に逃避した。ひとつはサンクト・ペテルブルクの北東に広がるラドガ湖岸のオロネーツからカレリア地方にかけての深い森林であり、さらに白海沿岸の村へと逃げ隠れた。もうひとつの流れはモスクワの東方四二〇キロのニージニー・ノーヴゴロドに散った。だが取り締まりが強化されると、かれらはさらに遠方のシベリアへと逃げ、人里から遠く離れた辺境地に身を隠した。

わたしはカリーニンの情報をもとにエルジェーイ集落を訪問してみたくなり、ナリーン村に案内してくれたトゥヴァー人男性のナギーン・モングーシに同伴してくれるように懇願した。だが、すぐには承諾してくれずに額にしわを寄せて、口ごもる。

「わたしは、そんな奥地まで行ったことがありません。車が途中で故障しても、タイガーのなかでぬかるみにタイヤがはまっても、だれも助けにきてくれません。野宿した場合、クマに襲われる危険があります。それに古儀式派のロシア人は世捨て人なので、わたしたちを受けいれてくれるとは思えません」

頑なに拒むかれを説得し、わたしたちは晴天で空気が乾燥した九月七日の早朝七時に出発した。商店でパンとチーズとソーセージ、ペットボトルの飲料水を五本買いこみ、ガソリンスタンドに立ち寄る。燃料タンクを満タンにしたうえで、予備のガソリンも購入した。

クズィールから南東に小エニセーイ川にそって九〇キロ走ると、サリーク・セープ村に到着する。ステップに囲まれた人口四四〇〇人ほどののどかな村で、軒先で日焼けした村民たちが立ち話をしている。クズィールと結ぶ簡易舗装の道路はこの村で終点となり、ナギーンは道端の老人に、さらに先のウースティ・ブーレン村への道を尋ねた。指差した方向に見える民家の裏庭に狭い道があると教えられ、デコボコ道を八キロ走破したところにウースティ・ブーレン村があった。クズィールから九八キロの地点で、エルジェーイ集落へはここからさらに三二キロの距離を、小エニセーイ川の上流に向けて進まなければならない。

ナギーンが道端の石に腰をおろしてタバコを吸っている農民男性に、エルジェーイ集落までの道路の状況を確認すると、心配そうに目を細めて、こう警告した。

「三日前に降雨があったので、『タイガーの道（таёжная дорога）』のところどころにぬかるみがあるかもしれない。ぬかるみといっても、道が数百メートルにわたって水没している可能性があるので、そのときには無理せずに引き返すほうがよい」

わたしには退却はあり得ないと言いかえすと、男性の表情がひきしまる。

「では、わたしの家には三人乗りの手漕ぎボートがあります。貸しだすことができますから、ボートで行くのが無難です。エルジェーイ集落まで六時間ほどかかりますが……」

四〇代半ばの農民は険しい表情で注意を促したが、わたしたちは可能なかぎり車で行ってみることにした。楽天的で朗らかな人柄のナギーンだが、タイガーの道を運転しながら、口数が少なくなっていく。深いタイガーのなかでは樹影が路上を覆い、ナギーンはときどき幅二メートルほどの道を見失ってしまう。途切れていることもあれば、枝分かれしていることもあり、そのたびにわたしたちは戸惑う。車から降りて二人で前方を確認しながら、ゆっくり車を進めた。

急勾配の坂に差しかかると、エンジンをふかして乗り越え、こんどは真下に突っ込むような傾斜に車体はバランスを失いかける。くぼ地の水たまりがフロントガラスに迫ってくる。ナギーンはハンドルをしっかり握りしめ、左右に切りかえすが、ぬかるみに車輪がはまりこんだ。エンジンの回転数が限界値にまであがり、静寂な森林に響きわたるエンジン音が車内のわたしたちを悲愴感で包みこむ。エンジンが過熱してしまうことを、わたしは心配する。こうして一時間ばかりタイガーを走破すると、道が突然下り坂になり、五〇メートル先に樹木の隙間から小エニセーイ川の岸が見えてきた。

幅八〇メートルほどの川を、木製の渡し舟でわたることになる。渡し守は二〇代のロシア人の若者であり、わたしがいくら尋ねても自分の素姓を語ろうとしない。渡し賃として、二人分と自動車分をあわせて二〇〇ルーブル（三四四円）を支払った。渡し船はかれが製造し、運行は乾燥する夏季にかぎられると淡々と話す。九月二〇日を過ぎると、降雨量がふえてくるのでタイガーの道は走れなくなるようだ。週に二、三回の作業で、船上に設置された簡易な小屋に寝泊りしていると隠そうとしない。船にはエンジンがとりつけられておらず、川上からの水流に垂直になるように方向舵をあてることで得られる水力で前進させる。急な流れでも船が流されないように、両岸を結ぶロープに船がくくりつけられていた。川面をなでるように吹き抜ける清々しい風がさざ波をつくり、細かなしぶきが陽光を反射してキラキラと輝いていた。

二〇分ほどで対岸に着き、わたしたちはふたたびタイガーのなかにわけいった。悪路を四〇分ばかり突き進むと、細道が分岐する地点に着き、道の脇に錆びた小さな標識を見つけた。このような案内板は、だれに必要なのだろうか。三三キロ先にシヴェイ集落(Шивей)、二八キロ先にウジェープ集落(Ужеп)、一〇キロ先にシューイ集落(Шуй)、この地点から右手四キロにシジーム集落(Сизим)、そして目的地のエルジェーイ集落は左折した二キロ先にあると示されている。これらの四つの集落も古儀式派の集落だ。

先の渡し守の男性から「シジーム集落は外界に比較的開かれていますが、残りの三つの集落は閉鎖的で、伝統的な生活様式を頑なに守っています」と説明を受けていた。これらの四つの集落の人口は不明で、渡し守の推測では最大に見積もっても三〇〇人を超えることはないようだ。カリーニン司祭の話では、一九六〇年代にトゥヴァー共和国内の古儀式派は四〇〇〇世帯を数えたというが、その後の推移は不明らしい。

わたしたちが道路標識にしたがって左折してしばらく行くと、ふたたび小エニセーイ川が現れた。川岸の向こうにひなびたエルジェーイ集落が横に広がり、いくつかの家屋の煙突から薄い煙がたちのぼっている。集落の背後には二一二六メートルの山が迫って

小エニセーイ川の渡し船

いる。カリーニン司祭は古儀式派の住む集落をこう表現していた。

「無限の森林地帯から脱け出すと、岩がむき出しの高い山がそびえ、そこから流れ出す急流が集落のそばを通っています。人里から遠く離れており、簡単には見つけられないところです。信仰のことで、だれもかれらをとがめることはありません。シベリアが異端派を救っているのです」

渡し船が川岸に停泊しており、ロシア人の渡し守がわたしに集落にいく目的を執拗に詰問する。エルジェーイ集落への訪問者を事前に監視しているのだろう。ナギーンは運転手であることを告げ、わたしを手助けしようとしない。最大二時間の滞在時間を約束して、渡し守はようやく乗船を認めてくれた。船上でわたしが声をかけた若い男性はシジーム集落からの来訪者であり、かれのスタイルといえば帽子をかぶり、りっぱな顎髭をはやし、ルバーシカ（ゆるやかなシャツ）の腰を紐でしめる典型的な古儀式派の格好だった。古いロシアを彷彿させる。わたしは集落の人びとの生活を渡し守に尋ねたが、かれはわたしに一言だけ放った。

「あなたとは話をしたくないし、集落のひとはだれもあなたを歓迎しない。外界の人たちには関心がないので……」

かれは眉間に皺を寄せ、口を尖らせて、露骨に不快なことばを口にした。わたしに背中をくるりと向け、だんまりをきめこみ、気まずい雰囲気が船上にただよった。わたしは心底、困惑してしまったが、引き返すわけにはいかない。

エルジェーイ集落の人びと

三〇分ほどで川をわたった。いわば「世捨て人」のように世俗との関係を断ちきり、自らの小世界に人生を託す人びとは、わたしと会話してくれるのだろうか。ナギーンは川岸で待機しているというので、一人で二〇メートルほどの土手をのぼった。道幅三メートルの砂利道沿いに木造建築の家が並んでおり、庭のベンチに腰かけている家族四人に声をかけた。すると、かれらは一目散に家のなかに逃げこみ、わたしは唖然とした。

集落には道が二本走っており、わたしが歩きまわっていると、七歳の男の子と遭遇した。好奇心で目を輝かせる多感な少年は、集落の長老の家に案内してくれると意気込む。その家は集落のはずれの川沿いの小高いところに建ち、敷地内の老木が家の半分を覆っていた。修繕が施されていないので、大きく傾いている。

はたして、わたしの訪問を認めてくれるのだろうか。少年は玄関口で声をあげるが、なんの応答もない。木製の扉を勝手にあけて、かれはわたしを手招きする。室内は薄暗く、ひんやりと湿気を含むよどんだ空気がわたしを包み、足元をみると木の床板がめくれている。玄関の向こうにもうひとつドアーがあり、ノブを手前にひいた。すると、部屋の窓際に一人の老人が物静かに椅子に座っていた。窓からの日差しがわたしの立っているところに逆光になって射しこんでいるので、かれの姿が黒く浮かびあがる。目を凝らすと、老人は宗教本をじっと読んでいるようだ。窓の外には畑の多彩な植物が見える。古儀式派の家では、庭を草花で埋めつくすのが風習だとわたしはロシア語の本で読んだことがある。老人はわたしたちの存在に気づいておらず、ドモヴォーイ（家の守護神で、悪事を働くと罰をあたえてくるといわれている）が睨みをきかせているようなただならぬ気配を感じた。

少年が大きな声をかけると、老人は無表情でわたしたちのほうに振り向いた。自己紹介すると、目を細めながらわたしに椅子に座るように手を差しだした。長老の名前はゲオールギー・ユルコーフ、一九二九年にエルジェーイ集落で生まれたとぽつりと話した。

「妻はちょうど三年まえに死んだので、いまは一人で住んでいます。ヴラジーミル、パーヴェル、ロマーン、ゲオールギー、グリゴーリーの五人の息子がいますが、かれらは集落内のべつの家に住んでいます」

八五歳のかれは耳が遠く、足元がおぼつかないというのに一人暮らしだ。室内には妻が使っていたベッドが残され、シーツと毛布もそのままだ。わたしが一人暮らしの寂しさを問うと、老人の顔がほころぶ。

「わたしは空虚な世俗社会と無縁であるばかりか、基本的に子どもたちや親戚の束縛からも自由なのです。人生は家庭や世俗社会の義務を遂行するためではなく、これらから解放された修道僧のような生活に自由を見出すのです。だからわたしは子どもたちに頼

古儀式派のロシア人が住むエルジェーイ集落

ることもなければ、かれらもわたしを介護する責任を負わないのです」

か細い声をしぼり出すように話すので、ときどき聞き取れない。横に立っている少年がニコニコして、言いなおしてくれる。そして老人は咳払いして、語気をつよめた。

「両親は自由の国（Беловодье）を求めて、エルジェーイに住みついたのです」

老人が両親から伝え聞いた話によれば、古儀式派のひとたちがトゥヴァーに行き着いたのは一八九〇年から一九一〇年にかけての時期のようだ。それまではクラスノヤールスク地方の南方に広がる西サヤーン山脈のなかでひっそりと暮らしていた。トゥヴァーがロシアに編入された一九一四年以降、三〇〇人の古儀式派が小エニセーイ川上流の深奥の森林をめざし、エルジェーイ集落を含む五つの集落に移り住んだのである。

ユルコーフは、どのような毎日を過ごしているのだろうか。テレビもラジオもなく、電気も通じておらず、夜はろうそくに頼る生活だ。

「読書は自由のためのもっとも偉大な営為であり、書物は精神生活の導き手なのです。とりわけエヴァーンゲリエ（福音書）は永遠の思想であり、どんな歴史的な激変が起ころうとも不変です。生きているあいだはなんども読み返し、深遠な内容を沈思し、記憶するのです。加えて大切な書物に聖書があり、人生の諸問題にたいする答えを求めます。つまり、毎日の生活をどのようにおくるのか、その案内書なのです」

老人のくぼんだ目がきらりと輝き、その人生の瑞々しさを映している。かれの書棚に置かれている書物は一六五三年のニコンの宗教改革よりもまえの古いロシア正教会の教えを説くものばかりだ。それ以降の教本を、かれは「書き改められた内容だ」と言いきる。ユルコーフは右手の小窓から光をとりいれて読書し、机の真正面の壁にイコンを掲げていた。書物を読み、顔をあげた先にイコンがある。室内の東方の角に位置するもっとも神聖な場所だ。

「集落には教会ではなく、サボールとよびあっている簡素な木造の集会所があります。ここから歩いて五分のところで、みんなで祈禱しています。何人が集まったのか、人数を数えたことは一度もありません。司祭はおらず、その理由については知りませんし、どうでもよいことです。この集落のまわりにはわたしたちと同じ宗派の人たちがいると聞いていますが、わたしには知り合いはいないし、接触もありません」

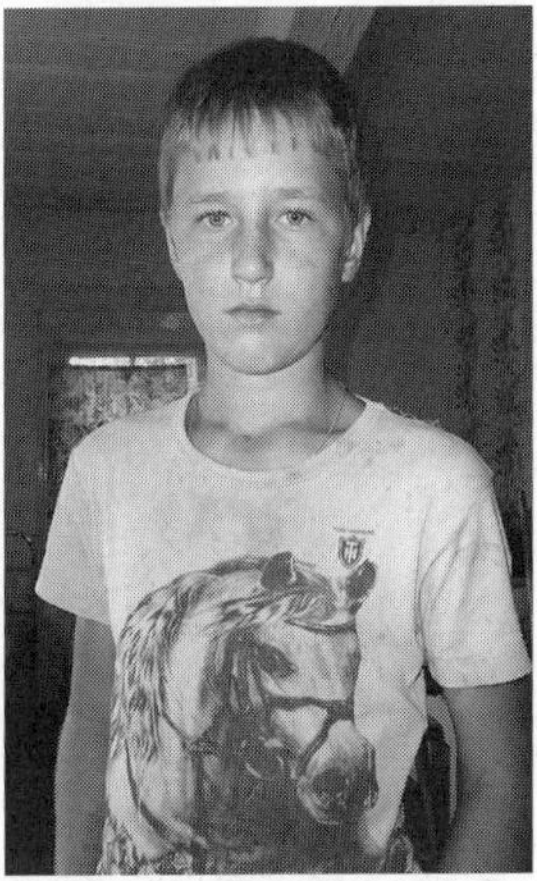
わたしを案内してくれた少年

古儀式派は一般的に、「司祭容認派（поповец）」と「司祭非容認派（беспоповец）」の二つに分かれている。容認派は教会を建設し、司祭を迎え、世俗権力に妥協する傾向がつよい。これにたいしてエルジェーイ集落のような「非司祭派」は宗教者の存在を認めず、世俗社会との接触を拒否する。すべての権力を否定し、婚姻制度をはじめとする法律、徴兵、戸籍制度、貨幣経済も受けつけない。ユルコーフは平然と、「集落に犯罪者が逃げこんでくることがあります。かれらを集落の後ろの山のなかにかくまってやります」と打ちあけた。

トゥヴァーのなかでも平地に住む古儀式派は移住してから一一〇年ほどが経過し、世代も変わり少しずつ世俗化が進んでいる。司祭容認派が増加しつつあるようで、極端なケースは、バイカル湖の東八〇キロほどのウラヌデー市（日本語の表記ではウラン・ウデ）郊外に住む古儀式派のひとたちで、自分たちを「セメーイスキー」と名乗り、いまでは観光客をまねく村興しを行なっている。見学者に伝統的な家屋を開放し、料理とロシア民謡でもてなしている。この対極にあるのがエルジェーイ集落などの山岳地帯の古儀式派で、世俗化を拒み、ほかの地域の同じ非容認派とも交流しない。では、ユルコーフはロシア国家をどのようにとらえているのだろうか。わたしの質問に、事もなげな顔でことばをかさねる。

「ロシア政府が発行するパスポート（身分証明書）はもっていません。そのような文書があると耳にしたことがありますが、なぜ必要なのでしょうか。年金も受給していませんし、健康保険証もありません。職場で働いた経験はなく、ずっと狩猟生活を営んできました。わたしに国家など必要ありませんし、イメージできません。国家とは何ですか」

国家に回収されない芯をもつ生身の個性が、強烈に際立つ。集落で大統領選挙も自治体の選挙も実施されることはない。国家は世俗の最たる象徴である。その存在と老人が

一日中本を読んで過ごす古儀式派のユルコーフ長老

関わらないのは理解できるが、ロシアまでも否定するのだろうか。ロシアと国家は、べつのものなのだろうか。

「ロシア、ロシア……。それは、わたしの祖国だよ」

愛着心をにじませ、眼にあふれんばかりの涙。そして窓の外に視線を向ける。かれのいうロシアとは、プーチンのロシアでもソ連時代に迫害されたロシアでもない。ロシア正教会が分裂するまえの一七世紀半ばよりも古いロシアであり、ピョートル大帝がロシア近代国家の建設に着手するまえの中世社会だ。民衆の多くが、ロシア正教会の領地に住んでいた時期のことだ。

わたしがユルコーフの耳元で感謝の気持ちを伝え、健康としあわせを祈ることばをかけると、目を閉じて軽くうなずく。でも、なにもことばを返さない。そしてかれはふたたび机上の書物に視線をゆっくりと落とし、わたしのほうを振り向くことはなかった。男の子と連れだって、わたしは高邁な「古いロシア」のドアーをそっと閉めた。老人の毅然とした高踏的な姿が瞼の裏にやきつき、ことばの一つひとつが心に刻まれた。

清らかな水のある暮らし

岸辺にそって歩いていき、小さな木造平屋のまえで立ちどまった。玄関口の階段に小さな老女の横顔が見える。プラトークで頭を覆い、その脇に座るもうひとりの女性と、庭の草花を見ながら穏やかな表情で談笑している。わたしが庭に入りこんでいくと、二人ははればれとした心を映しだすかのような笑顔で迎えてくれた。胸の十字架のペンダントがきらりと光る。九〇歳のクラーヴジヤ・キラチェーンコは生涯、独身をつらぬき、いまでも一人暮らしだと語る。

「どんなに高齢になっても、わたしたちは自立性と勤勉さを追求し、神と自然への慈しみを育んでいます。各家庭では、菜園でトマトやキュウリ、小ぶりのスイカを栽培しています。この地の夏は短いので、たくさんの野菜を収穫することはできませんが、タイガーの豊かな自然の恵みがわたしたちに食料をあたえてくれます。男性たちは野生のひづめのある獣を捕えたり、栄養価の高い松の実を拾ってきてくれたりします。女性はキノコを漬けたり、イチゴ類をジャムにしたりしています。そばを流れる小エニセーイ川では、ハーリウス（カワヒメマス）を捕っています。カジョーンカ（ロシア帝政時代に販売されていたウォッカ）は飲みませんが、祝日にはイチゴ酒を飲みます」

クラーヴジヤによれば、信仰生活で大切なのは清らかな水に恵まれていることであり、かれらが奥深い山麓に住む理由のひとつだとにっこりする。食事のまえにかならず祈禱し、木製の食器を使用しているというその話から、かれらがむかしの生活習慣を守り、禁欲的な生活を営んでいる様子がうかがえる。クラーヴジヤの話にうなずいていた七二歳のニーナ・ベローヴァは、こう語りかけてきた。

「シベリアの鬱蒼とした森林地帯での生活をはじめたのは、信仰上の問題とはべつにロシア帝政時代の兵役を逃れ、納税を拒否する理由もあったと聞いています。おかげでソ連時代の徴兵制や農業集団化、共産主義キャンペーンからも身を守ることができました。しかし……、数年前にわたしの娘はクズィールに出ていってしまいました。市内の美容院で働いていますが、精神生活は大丈夫なのでしょうか」

ベローヴァは娘が消費生活にひたり、欲望に隷属する人間になりさがっていることを危惧する。ロシア国家の構成員であることに目覚めて国家に吸収されてしまい、古儀式派としての信仰心を喪失したのではないかと案じている。わたしに娘の携帯番号を書きとめたメモを渡し、「自分が元気に暮らしている」と伝えるように頼んだ。

その後、クズィールに戻ったわたしは、伝言を伝えるためにその番号に電話した。しかし、エルジェーイ集落を訪問したことを告げると、彼女は一方的に電話を切ってしまった。エルジェーイ集落の出身者がクズィールという、いわば世俗社会で生活することへの葛藤と自らを恥じる感情が途切れた通話にこめられているように感じられた。

謎の世捨て人

じつは、トゥヴァー共和国の北側に連なる東サヤーン山脈と西サヤーン山脈の深い森

秘境に暮らす
クラーヴジヤ・キラチェーンコ

自由な生活を語るニーナ・ベローヴァ

林のなかに、「タイガーの世捨て人（таёжный отшельник）」という不思議な人たちが住んでいるといわれている。その多くはロシア人のようだが、人数も実態も不明だ。もともとは家族や友人に囲まれながら平凡な日常生活をおくっていたのだろうが、なにかの理由で世俗との関わりをほぼ完全に断ちきり、森林のなかでの孤独な一人暮らしをはじめたのであろう。古儀式派のひとたちも世捨て人に近いのだが、集団生活を維持しており、この点で世捨て人とはちがう。また、さらに補足しておけば、東西サヤーン山脈では川床に沈積した砂金を盗みとる一人暮らしの男性たちが目撃されている。かれらの風貌は世捨て人に似ているようだが、ときどき町に出没し、密売をしているようだ。

シベリア各地をまわっていると、現代社会に違和感を抱いているひとが意外に多いのに驚く。二〇一五年六月八日から一週間、シベリア東部のトームスクに滞在したときに、街のすぐ近くまで大森林地帯が迫っているのに、休日や休暇になれば、前日の夕方からわざわざ一〇〇キロ以上も離れた小ぶりの木造の別荘に駆けこむ人がたくさんいることを知った。濃密な人間関係から解放され、電気もなく携帯電話も通じない閉じられた空間で、できるだけ早く心を癒したい。その場所が、「遠ければ遠いほど心地よい」といわれている。

同年三月二三日には、モンゴルに連なるアルタ ーイ山脈に近いバルナウール市内で老夫婦とことばを交わした。娘夫婦、孫と同居している年金生活者の二人は「毎朝、時間に追われながら出勤し、疲労困憊で帰宅する家族を見ていると、ソ連時代の怠惰な生活のほうが人間らしかったと感じます」と胸のうちをみせた。これをもってソ連社会をすべて評価できないにしても、ロシアの伝統的な人間像のひとつのタイプとしてのオブローモフの生き方を思い起こす。ロシアの作家イヴァーン・ゴンチャローフの長編小説の主人公で、読書が大好きな一方で、怠惰で無為の生活をおくる、いわば緩い性格のかれはまわりのひとから「余計者」の烙印をおされる。このようなタイプの人間ならば、たとえ現代社会に適応できなくても、命を断つことなく、シベリアの森林のどこかに居場所を見つけることはできるだろう。最低限の自活能力は必要だが、自然の恵みは十分にある。

二〇一二年八月一〇日、イルクーツクから北西方向に五二二キロ離れたニジネウージンスクで、世捨て人に遭遇したことがあるというグターラ村の村長ヴラジーミル・メフォーンツェフに話を聞いた。村長はちょうどニジネウージンスクに出張中で、昼食をご馳走になった。最高級と称えられるイズューブル（アカシカの一種で東シベリアの山岳地帯に生息）の生肉は、その臭いに吐きだしそうになった。グターラ村はニジネウージンスクの南西一五〇キロの奥深い東サヤーン山脈にあり、月に二、三便の複葉軽飛行機がただひとつの交通手段である。メフォーンツェフ村長の話では、村にはシベリア先住民のトファー人が四四八人住んでいるという。そして周辺の二つの村とあわせても一一六八人。シベリアの先住民族のなかで、もっとも人口の少ない民族だ。

メフォーンツェフは、村では森林で育つミネラルの豊富な食料だけで生きているので、身体が磁力をおびてくると胸をはる。半信半疑のわたしが苦笑いすると、かれは突然シャツを脱ぎ、上半身を露わにするとテーブルのうえのフォークとナイフを胸にはりつけた。驚愕するわたしを見据えて、メフォーンツェフは声をひそめ、「村の周囲にロシア人の世捨て人が住んでいます」と神妙な表情に変わった。

「二年まえの六月のことです。五人の村人と狩猟にでかけ、五時間ほどタイガーのなかを歩きまわりました。標高一八〇〇メートルあたりのウダー川に流れ込むせせらぎの脇に、板を打ちつけただけのボロボロの小屋を見つけ、わたしたちはびっくりしました。窓がないので、内部をのぞくことはできず、恐るおそる傾いたドアーを手前に引きました。すると、一人の痩せこけた男性が呆然とベッドに寝転んでいるのですが、奇妙なことにわたしたちにびっくりした様子を見せないのです。人間の感情をすでに喪失してしまっているようで、髪は背中の真ん中まで、あご髭も胸あたりまで伸びていました。黒っぽい服のいたるところがやぶれていました」

室内の壁には野生動物の剝製が逆さにつるされ、床に手製の机が置かれ、隅には手作りの狩猟道具や木切れが積まれていた。五人の男性が順番に氏名や年齢、出身地などを尋ねても、世捨て人はうなり声をあげるだけだったらしい。ことばにならないのは、すでに人との会話が何十年もなく、ロシア語を忘れてしまったからだとメフォーンツェフは気の毒がる。もはや外見的には、人間とも非人間ともいえず、半ば野生に帰してしまったかのような気配が漂っていたと表情をくもらせた。それにしても厳冬期にはマイナ

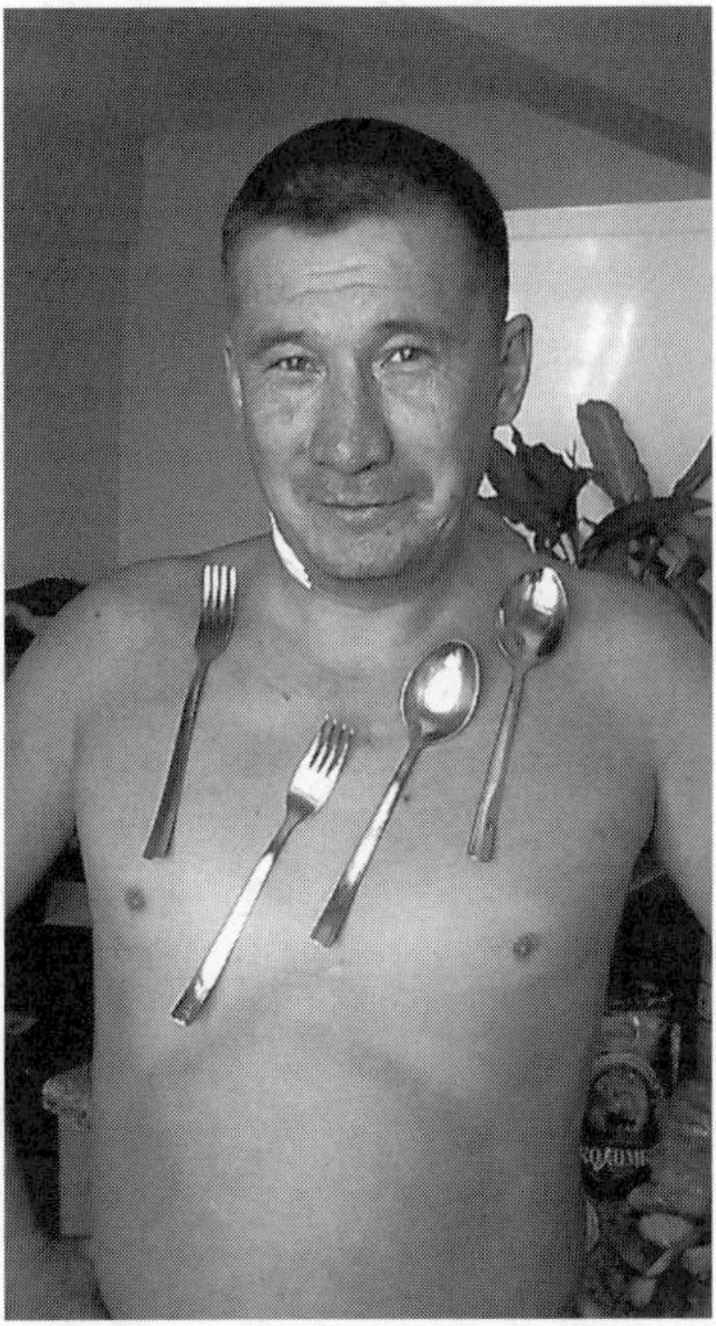

トファー人が暮らすグターラ村の「鉄人」メフォーンツェフ村長

ス二〇度以下にさがり、雪に閉ざされる山奥で、かれはどのように寒さと空腹をしのいでいるのだろうか。謎が深まるばかりだが、メフォーンツェフの顔に少し明るさが戻った。

「世捨て人は、あるしぐさをしました。親指と人差し指を突きたてて、唇にあてるのです。たばこを要求している振る舞いに見えたので、たばこを差しだすと、硬直した表情がかすかに緩んだように感じました。マッチで火をつけると、かれはたばこの火を揺らしながら、肺の奥深くまで吸いこんでいました」

メフォーンツェフたちはなんども声をかけたが、意思疎通ができないので、一〇分ほどで立ち去ることにした。沢にそって一時間ほど歩いていると、小川をはさんだ向こう側の浅瀬に世捨て人が立っているのに気づいた。人恋しさにかられたのか、それとも自分の縄張りに勝手に侵入した人たちが帰っていくのを見届けるためなのか、その理由は不明だが、いずれにしても五人のあとをずっと追ってきたのである。メフォーンツェフたちが声をあげて、こちらに来るように手招きすると突然、世捨て人は全速力で深い森林のなかに姿を消してしまったと残念がった。

世捨て人の様子が明らかになるケースは少ないが、例外的に話題になったのがハカーシヤ共和国内の山岳地帯に身をかくすアガーフィヤ・リコーヴァのケースである。彼女は家族といっしょにスターリン時代の一九三八年に宗教弾圧から逃れるために森林地帯に逃げこんだが、その後に両親、二人の兄弟と姉が亡くなった。現在は、ロシア帝政時代に採用されていたユリウス暦（旧ロシア暦）にしたがって一人暮らしを続けている。来訪者と面会しているようだが、彼女の居場所は明らかでない。

モスクワっ子にシベリアについて尋ねると、「酷寒で暗い不毛な地」や「雪で地面が覆われている」など冬のイメージが強く、「白い沈黙の果て」と答えた友人もいる。さらに「文明の発展から取り残された遠いところ」と切り捨てたり、「ロシアの特別な地域」や「別のロシア」と迷惑顔をしたりする。だからかれらは、そのようなシベリアの世捨て人の存在についても「不幸なひと」と哀れむ。

この一方でバルナウールに滞在中の二〇一五年三月二六日、ある男性がわたしにシベリアをこう表現し、目を細めた。

「飛行機の窓からシベリアをながめると、大海のように広がる緑色のタイガーがたのしそうになにか歌をうたっているような気がするんだよ」

森林に逃げこんだ世捨て人は、強風で樹木がこすれる鈍い音や小鳥の軽快なさえずり、野生動物の不気味なうなり声、足元からわきたつ水沫のリズミカルな音などに包まれ、さらに風向きで変化する森の匂いや温度を嗅ぎわけながら、案外、至福の生を満喫しているのかもしれない。

シベリアこぼれ話—5

ロシア最古の春の祭典

「彼らがなにを歌っているのか……。本当にロシア語なんだろうか」

こうつぶやくのは、モスクワに住むロシアの友人だ。二〇二〇年二月二二日、都心で繰り広げられている春の祭典「マースレニッツァ」をわたしといっしょに楽しんでいるときだった。ロシア各地で二月中旬から三月にかけて、厳寒の長い冬を見送り、新しい生命を育む春を迎える催しが開催される。マースレニッツァは、キエフ大公国のヴラジーミル一世が一〇世紀にキリスト教を受容する前から続く。だから春の到来を喜ぶ歌詞は古語であり、現代人にはなかなか理解できないのである。

わたしは古儀式派の生活ぶりに驚愕したが、いま目前で繰り広げられている踊りや歌は大自然を崇拝するロシア最古の民間信仰といわれている。伝承によれば「若い春が、ロシアに長く居座った手ごわい冬に打ち勝つことは簡単ではない。だから、みんなで春を応援するために盛大な祭りを行う」というのだ。

古代ロシアには、太陽の神「スヴァローグ」をたたえる風習があり、春の祭典では太陽をイメージしながらブリヌィ(薄いクレープに似ている)を焼くのが約束事だ。できるだけ大きく焼くのがコツだ。サーモンやイクラ、キャベツを巻いたり、ハチミツやバターなどをぬったりして食べる。ブリヌィを食べると太陽の光を浴びて身体が温まるのと同じ効能があり、たくさん食べるほど、早く春がやってくる、とわたしは教わった。

マースレニッツァの語源は、寒さに凍えておどおどしている春に早く来るように「バターの甘い香りを嗅がせて誘いだす」という意味にある。マースレニッツァの会場には多くの人々が繰り出し、飛来する鳥のために、黄色や赤色のリボンを枝に巻きつける。長旅の疲れを癒すとまり木をすぐに見つけられるように、目印をつけるのだ。

参加者は、黒いフェルト生地の外套に赤色の模様を縫い込んだ民族衣装をまとう。胸元には、太陽をイメージした金色のペンダントをぶら下げ、額にも春の陽光を浴びて輝く金色の装飾品をつける。

圧巻なのは、森の精霊の姿に仮装した人たちが町中を練り歩く姿だ。腰に大きな鈴をつけて、カランカランと高い音を響かせて、長い冬からの目覚めを人々に告げる。人気者は、冬眠から覚めたクマだ。クマの毛皮をすっぽりかぶった男性が、行き交う人々に容赦なく抱きつく。春の到来の喜びを分かち合うのだ。

マースレニッツァの最終日には、ボロボロになった冬服などの春以降は必要としないものを着せた藁で作った案山子を焼くことで、冬とお別れする。ロシア人は冬から春への移行を「死から再生へ」の時期と考えており、昔からマースレニッツァが終わると農作業の準備にとりかかるのであった。

第六章　密林地帯の流浪民を訪ねて

ゴレーンドル人の充足

密林に浮かぶ孤島

「まるで涙のように透明なウォッカでしょう!」

真っ赤に日焼けした顔の四八歳の男性ミハイール・ギリジェブラーントが、足元から自慢の自家製酒をとりだし、わたしのグラスについだ。グラスを少し揺らすと、ウォッカは粘液状にとろりとする。不純物を一切添加していないと、得意顔だ。

二〇一三年七月三〇日、八人の男女がミハイールの家に集まり、わたしを囲んで夕食のテーブルについた。三〇代から六〇代の似たような顔が並んでいるのは、全員が親戚関係にあるからだ。昼間の農作業を終えているので、柔和な笑顔に安らぎが見える。ミハイールは冗談を連発する朗らかな人柄で、農作業で鍛えあげた筋肉質の身体が自慢だ。

かれの自宅はシベリア南部の広大無辺な密林地帯のなかのダグニークという集落にある。周囲には親戚の一五軒の家屋が肩を寄せ合うように並び、日用品を販売する商店や郵便局、役場、さらには病院などの公共施設も存在しない。水道管もガス管も電線も敷設されておらず、電気は自家発電だ。ロシア人はこのような辺境地を、「クマの住みか(медвежий угол)」と形容する。人里からあまりにも遠く離れており、不便で不毛の地、というわけだ。シベリア鉄道の沿線で村役場のあるザラリー村は、食品や雑貨、医薬品などの生活必需品を販売する店が軒を並べるこのあたりでは最大規模の町だが、最寄りとはいえ北東に一〇〇キロも離れている。

ミハイールの生活ぶりはかなり厳格なようだ。家具などの調度品や装飾品はほとんどないが、精神的な充足が隅々まで感じられる。玄関には色彩豊かな花が植えられた植木鉢がきちんと等間隔で並べられ、室内は天井から壁、床にいたるまで淡い水色に統一されていて清潔さと秩序が維持されている。わたしたちの食事中、子どもたちが同席することを禁じており、かれらは隣の部屋で静かに待っていた。テーブルのうえにたくさん並べられた皿には、各人が畑で栽培する自慢の食材で作った料理が盛られている。野菜料理が中心だが、ニジマスのような川魚は二キロ離れたオカー川支流で釣ったもので、半冷凍の生の牛肉の鮮明な赤色が食卓に彩りをそえる。ミハイールにかれのルーツを尋ねると、満面に誇らしげな様子を浮かべて答えた。

「自分のことをドイツ人だと思っています。先祖はドイツの出身で、ギリジェブラーントというファミリー・ネームはドイツ人のものです」

「いやいや、……」

狩猟生活をいとなむ痩せた四〇歳の男性が、ミハイールの自説に嚙みつく。

「わたしたちはポーランド人だよ。祖父母たちはポーランド語を話し、わたしたちの文化の起源はポーランドにあります」

この男性の妻が、口をとがらせる。

「わたしたちはロシアで生まれたのだから、ロシア人だよ」

全員のファミリー・ネームがギリジェブラーントで、親戚関係だというのに、ドイツ人と名乗る男性もいれば、ポーランド人だと言い張るひともいる。さらには、ロシア人だと断言する女性。わたしがかれらの発言に当惑していると、六三歳のヴラジーミルが議論をおさめる。

「わたしたちは、ゴレーンドル人（Голендр）です。正確にいえば民族名ではなく、先祖が住んでいた地名に由来します。わたしたちの集落は小さな独立国家で、ザラリー村役場もイルクーツク州政府も、ましてプーチン大統領の手も届かないほど遠いところで暮らしています。この地には近代技術も産業もないけれども、自給自足の生活に満足しています」

ダグニーク集落は、「シベリア・タイガーという海原のなかに浮かぶ孤島」であって、大自然が外界から人びとを遮断しているがゆえに、「小さな独立国家」と高らかに宣言しているように響く。深くて果てしなく続く密林地帯が、だれからも干渉されない自分たちの生活を守ってくれている、と感謝する。じつは、ゴレーンドル人の存在を知るロシア人にはモスクワはいうまでもなく、ここから二〇〇キロ先のイルクーツク市でさえも出会ったことがないので、かれらの秘密に迫ってみることにしよう。

ヨーロッパからシベリアへ

どのような経緯でかれらはシベリアに移住したのだろうか。テーブルを囲むゴレーンドル人に尋ねると「先祖はもともとブーク川沿いに住んでいた」と過去をたどる。この川は、現在のベラルーシとポーランドの国境にそって南から北に流れ、ワルシャワの北側をぬけてビスワ川に合流する。全長は八三一キロ、水源はウクライナ西域のポドリスク丘陵にある。ミハイールが祖父母から伝えきいた話はこうだ。

「一七世紀初頭、ラファエーリ・レシーンスキーというポーランドの伯爵がいました。かれはブーク川流域に広がる領地を『ブースキー』とよび、ここに入植させたひとたちを『ゴレーンドル人』と命名しました。かれらがどこから連れられてきたのかはよくわかっていないのですが、そのむかしドイツ国内を放浪していたと聞いたことがあります」

かれらは故郷を訪れたことがなく、ブーク川流域といっても具体的な場所を知らない。

ミハイールがむかし耳にした話では、先祖は伯爵の領地に移住するまえ、ポーランド・リトアニア共和国の各地を放浪していたらしい。この共和国は一五六九年に誕生し、一七九五年のポーランド第三回分割まで二〇〇年間存続した。オスマン帝国につぐ広大な領土を有するようになった国家は、さまざまな民族、複数の言語や文化、宗派を内包していた。あとで紹介するゴレーンドル人のはらむ多様性は、こうしたポーランド・リトアニア共和国の歴史的な産物といえる。

その後、ポーランド領土はプロイセン、オーストリア、ロシアの三国に分割され、ゴレーンドル人が住んでいた地域はロシアのヴォリーニヤ県に編入された。一九〇六年のストルィピン農業改革で農民は自由意思で農村共同体から離脱できるようになり、しかも土地を私有化できる権利が付与された。ロシア社会の様相は大きく変わり、ゴレーンドル人の運命も転換期を迎える。土地を求めてヨーロッパ・ロシア地域からシベリアへと移住したひとの数は、ゴレーンドル人も含めて一〇〇万人以上といわれる。移住者はロシア人をはじめとしてウクライナ人、ベラルーシ人、タタール人、ヴェープシ人（スカンジナビア半島南部のロシア領に一万人が住む）、チュヴァーシ人（ヴォールガ川上流に約一〇〇万人が住む）、カレーリ人（東が白海に面する地域に一二万人が住む）などいろいろな民族だった。かれらが開拓した集落はシベリア南部だけでも二四四カ所をかぞえ、シベリアに自分たちの文化、信仰、風習、伝統をもちこんだのだった。

集落への難路

ゴレーンドル人が住む集落を訪問するため、わたしは七月二八日、モスクワからイルクーツクに到着した。翌日の午前一一時二二分発のシベリア鉄道に乗車し、ザラリー駅に向かう。二〇両編成の列車がイルクーツク駅をゆっくり出発し、五分後にバイカル湖から流れでるゆたかな水をたたえるアンガラー川の鉄橋をわたった。その後、車窓の風景は一変し、列車は森林地帯をつき進む。白樺の木立がつづき、陽光をあびた薄緑色の小さな若葉が林を抜ける風にひらひらとゆれている。線路脇の低い草木の濃い緑色の葉が列車の風圧で激しく揺さぶられ、車両がレールのつなぎ目を通過するたびにガタンゴトンという響きが静寂を打ちやぶっていた。

森林を抜けると、こんどは地平線まで延びるなだらかな草原が車窓に広がる。森林と草原が交互におりなす車窓の光景の合間に、ときどき小さな集落が出現する。木造の傾いた家屋が数十軒寄り添い、ところどころに屋根や外壁が朽ち鉄筋が折れ曲がる建物が垣間見える。ソ連時代には国営農場の工場や倉庫として村の繁栄を築いたのだろうが、いまや無残な姿に変わってしまった。ソ連邦の崩壊で民営化され、政府からの資金援助が断ちきられて農場は経営破綻に陥った。あたらしい産業を育成することができなかった村は廃墟と化し、村人は周囲の森で採れるキノコや漿果（いちご類のような果肉が軟らかくて汁の多い小果実)、そして川魚や野生鳥獣の肉を食料としているに違いない。

目的のザラリー駅には、定刻の一四時四二分に到着した。このザラリー村はイルクーツクから北西方向に三時間二〇分、一九五キロの距離に位置する。小さな駅なので乗降客は五人と少なく、駅周辺は閑散としていた。すぐ裏手に大草原が迫っている。ザラリー村の面積は七六〇〇平方キロメートル、日本でいえば静岡県や宮崎県とほぼ同じ広さで、村といってもわたしたちの想像を越える面積なのだが、人口は二〇一一年現在、わずか九五九九人と少ない。人口密度は一・二六人で、一平方キロメートルにおよそ一人が住む極端な過疎地だ。

ザラリー駅に着いたわたしを、ロシア人のアレクサーンドルがソ連製の小さな白い車で迎えにきてくれていた。四〇歳のかれは自動車修理工場で働き、妻のナターリヤは村役場の文化部に勤める。製造から三〇年以上を経過した車体には無数のキズとヘコミが目立つが、老朽化した車体に不思議にもシベリアの原風景がとてもなじむ。かれの車で、ゴレーンドル人の集落に向けて出発することになっているのだ。アレクサーンドルはわたしにこう告げた。

「いまから、八〇キロの悪路を走破します。休憩をはさむと約三時間を要しますが、途中どんなトラブルに見舞われるか予測不能です。携帯電話は圏外を表示し、対向車も人家もありません。野宿するかもしれませんので、食料品を買っておきましょう」

かれの口調は、まるでわたしに覚悟を迫っているかのようだ。わたしたちは小さな食料品店に立ち寄り、パンとハム、チーズ、ミネラル・ウォーター、さらにはウォッカ二本を買いこんだ。

シベリアの夏は空気が乾燥しているので、助手席から後ろを振り返ると、視界が遮られるほど砂ぼこりが巻きあがっている。デコボコ道には陥没した大きな穴があり、タイヤがはまりこむたびにからだが上下、左右に激しく揺さぶられる。出発から一時間半を過ぎたとき、アクシデントが発生した。エンジン音が急速にしぼみ、車は立ち往生してしまった。だれにも助けを求められない森林のなかでのトラブルだ。アレクサーンドルはすばやくボンネットを開けて、点検をはじめる。エンジンにガソリンを送りこむ細いパイプを抜きとって調べる慣れた手つきに感心した。ハサミでパイプを二センチほど切りとり、パイプから少量のガソリンが滴り落ちるのを確かめ、元の場所に差しこむ。エンジンスタートを五回ほど繰り返すと、エンジンがうなりはじめた。

二時間も運転すると、アレクサーンドルの表情に疲労感が滲んできた。道路の脇に湧水を見つけ、休息をとることにする。わたしたちは冷水で顔と手を洗い、アレクサーンドルは買物袋からウォッカをとりだした。すばやく紙コップに注ぎ、わたしに手渡すと、わたしたちは、「シベリアに乾杯！」と一気に飲み干した。かれは身震いし、奇妙なことばを口走る。

「ロシア人にとってウォッカは『万一の用意に（на всякий случай）』必要なのです。だから、母親が旅立つ娘に手渡すことがあります。万能薬であり、かぜをひいたり、気持ちが落ち込んだりしたときだけではなく、安全運転するにもウォッカは欠かせない薬なのです。集中力を高める効能があり、気分を引き締めてくれます」

どのような言い訳がなされようが、あきらかに飲酒運転だ。罰金は三万ルーブル（五万一六〇〇円）、免許停止の期間は二年間におよぶ。わたしの不安にアレクサーンドルは、上機嫌だ。

「この一〇年以上ものあいだ、わたしはザラリー村で警察官の姿を見かけたことがありません。村では犯罪も交通事故も発生しないので、かれらには仕事がないのです。ザラリー村では警察官は、伝説上の人物です」

アレクサーンドルが思い起こすに、ザラリー村からゴレーンドル人の集落に通じる道が整備されたのは一九九〇年代後半のことだった。現在でも悪路に違いないが、以前は車一台がやっと通れるほど狭く、雨が降ると森林から雨水が大量に流れこみ、川に様変わりしていた。冬季の小道は雪に埋まり、森林との境が消えてしまう。いまでは道路は拡張されたものの、ザラリー駅からの定期バスは運行されておらず、ゴレーンドル人の集落と外界を結ぶ公共交通手段はない。だからゴレーンドル人は長年、まわりの人びととの接触を断ち、よそ者の来訪を嫌ったらしい。

集落到着

夕方六時すぎに深い森林を抜けて視界が広がり、スレードニー・ピーフティンスク集落に到着した。この時期の日の入りは午後九時すぎなので、あたりは昼間のように明るい。集落を東西に結ぶ幅三メートルほどの道路の両脇には、一〇メートルほどの長細い切妻屋根の平屋が点在している。ゴレーンドル独特の建築様式で、ロシア特有の真四角の一般的な農家とは趣をことにする。家屋の三分の二で家畜を飼育し、のこりの三分の一で家人が生活する。ゴレーンドル人は周囲一〇キロ圏内にあるダグニーク集落、ピーフティンスク集落、スレードニー・ピーフティンスク集落に住居をかまえ、二七〇人ほどが住んでいる。三つの集落に分かれて住むのは、各人が十分な土地を確保するためだとあとで説明された。

わたしはエレーナ・リュードヴィクの家に宿泊し、運転手のアレクサーンドルと別れることになった。かれは別れ際に、口ごもりつつ語った。

「ザラリー村に住むロシア人はながい間、ゴレーンドル人を危険な人間と露骨に警戒し、親近感を抱くことはありませんでした。文化も風習も宗教もまったく違い、しかもドイツ人ということで、ロシア人がかれらの集落に足を踏みいれることはほとんどありませんでした」

アレクサーンドルによれば、ナチス・ドイツと交戦した第二次世界大戦中、ロシア人はゴレーンドル人を敵国のスパイだと断じたと表情をくもらせる。ただ実際、ソ連当局がゴレーンドル人の存在を知っていたのかは不明であるが、額に皺を寄せて話すアレクサーンドルの小声は油断しないようにさとしているかのようだ。わたしは具体的な注意点を質そうとしたが、かれは間髪をいれずに車にもどり、ブルブルと不安定なエンジン音を立てながら森林のなかに消え去っていった。

エレーナの家は平屋造りで、建築から二〇年ちかくが経過しているように見える。玄関口のドアーをノックすると、エレーナを先頭に夫のアレクセーイ（三九歳）、長男のドミートリー（一七歳）、長女のスヴェータ（一二歳）、次男のペーチャ（五歳）が出迎えてくれた。リュードヴィクというファミリー・ネームはドイツに由来するが、全員のファーストト・ネームはロシア人のものだ。ロシアで生まれたのが理由らしい。子どもたちはみんな鼻筋が通っており、かれらの髪はエレーナによれば「白銀」と形容するそうだ。たしかに金髪というよりも銀色に輝き、髪質は針金のように一本一本が硬そうだ。

わたしがかれらの家に宿泊することになったのは、アレクサーンドルの妻ナターリヤがエレーナを説得してくれたからだった。ちょうど二カ月まえの五月末、わたしは予備調査でザラリー村を訪問し、ナターリヤと知り合った。エレーナが村役場にくることがあれば頼んでみる、とわたしに約束していたのだ。エレーナたちの住む家のなかにはキッチンと三つの部屋が配置されており、手作りのベッドが用意された客間がわたしにあ

ゴレーンドル人の典型的な家屋

たえられた。一つひとつの部屋に案内されたが、どの室も見事に整然としているのには驚いた。冷蔵庫も洗濯機も、さらにはテレビもない質素な生活ぶりだが、家族一人ひとりの清らかな表情に、わたしは身がひきしまる思いがする。自家発電によって点灯するランプが各部屋につるされており、夜になっても真っ暗になることはないと説明された。

ゴレーンドル人はながい間、同族間の結婚を繰り返してきたために、伝統的な生活様式を存続させることができた。アレクセーイはこのことを誇りに思っており、わたしのようなよそ者が集落に足を踏み入れることにエレーナよりもつよい抵抗感を秘めているようだった。それでもわたしは追いだされることはなく、四日間を過ごすことができた。

ゴレーンドル人の暮らし

ここで、かれらの日常生活を紹介しよう。アレクセーイは早朝から牛やニワトリの世話をして、そのあとに森林の奥深くに入って狩りをする。エレーナは料理や洗濯をして、三人の子どもは三〇〇メートル先の共同井戸に水を汲みにいく。両手にバケツをかかえながら、一日分の必要量を満たすために五往復する。重さのあまり、からだがよじれる。真冬の気温はマイナス三〇度以下になるが、井戸は凍らず、子どもたちは水汲みを怠らない。初等教育について補足すれば、ピーフティンスク集落に学校が開設されている。平屋の小さな建物で、壁には子どもたちが描いた色彩豊かな絵がたくさんはられていた。副校長のガリーナ・マコーゴンが一人で勤務しており、わたしの訪問を受けいれてくれた。タタール人の彼女は、ザラリー村役場から派遣されている。

「児童数は一〇人、とても小さな分校です。でも登校する児童は二、三人と少ない。というのもスレードニー・ピーフティンスク集落は五キロ、ダグニーク集落にいたっては一〇キロも離れているからです。通学方法は徒歩しかありませんので、雨天の時や冬季はほとんどの児童が欠席します」

　ガリーナ副校長はさみしそうな表情を浮かべつつも、家庭でのしつけが充実していると安心感もみせる。エレーナの長女スヴェータもほとんど登校していないが、家庭では厳格にしつけられている。たとえば各家庭の掟では、食事時に子どもがナイフを手にとることは禁じられ、日曜日は昼食まで外で遊ぶことは認められていないようだ。

　雑貨店は、三つの集落のなかでスレードニー・ピーフティンスク集落に一店だけ存在する。店名は「夢」で、開店時間は午前九時から一二時、一六時から一九時にかぎられており、日曜日が定休日だ。店内には生鮮食料品はなく、衣類、石鹼、シャンプーなどの日用品、さらにはクッキーなどの日持ちのする菓子、そして自家発電のための燃料が販売されており、ザラリー村の商店が経営している。ゴレーンドル人の現金収入は基本的に材木を製材し、ザラリー村の業者に販売することで得られている。一〇〇キロも離れているので、買付けにくる機会は年に三、四回ほどにかぎられているが、ゴレーンドル人は現金が不足しても、ただちに生活苦に陥ることはない。自給自足の強味なのだろう。

エレーナは村役場の招待でイルクーツク市に一度だけ滞在したことがあり、そのときの思いを語ってくれた。外界とのはじめての接触という気恥ずかしさがゴレーンドル人としての自負心に上塗りされたのか、表情に心の軽い揺れが感じられた。

「イルクーツク市内の劇場でバレエを観たときの強烈な印象をお話しします。幕間に観客たちが、ジャンプやステップ、さらには筋肉の使い方について細かく批評しあっているのに驚きました。豊富な知識量に本当に圧倒されましたが、わたしは全体として心底感動しただけです。こんな感想でいいのでしょうか……」

エレーナは踊りを詳細に分析している観客たちを観察すると、せっかくのバレエをたのしんでいるように思えなかったと真情をもらした。自然のなかで生活をいとなむには知識があまり役立たないことを彼女は知りつくしており、研ぎ澄まされた感性の持ち主が放つ「本当にすばらしかった」という単純な一言が心にすとんと落ちた。

自然のなかで生きる

到着した日、夕食のためにキッチンによばれた。夜八時半すぎだが、窓の外から子どもたちの歓声が聞こえてくる。食卓にはたくさんの皿が並べられ、アレクセーイが食材

毎朝、刺繍された枕を積むという古い習慣を守るスザンナ・リュードヴィク

を得意な顔で披露した。

「トマトやキュウリなどの野菜類は自家菜園で栽培し、夏から秋にかけて収穫されたものは酢漬けにして保存しています。裏手の牛舎では二〇頭の牛を飼い、庭にはニワトリを放し飼いにしています。いちご類とキノコ類はきょうの午前中、ドミートリーが森林で採ってきました。ニジマスはわたしが近くの川で釣ったものです」

アレクセーイが食材の新鮮さを強調すると、エレーナが相槌をうつ。夕食に同席することが許されていないドミートリーが、大きなバケツに満杯の野いちごを見せてくれた。薄い赤色の粒は光沢があり、口に含むと酸っぱさが炸裂する。品種改良されていない天然のくだものは酸味がつよく、この酸っぱさがわずかな甘みを引きたて、濃厚な味わいを生みだしていた。基本的にくだものや野菜は泥を落とすだけで、水で洗ったりしない。農薬やワックスがかけられていないので、天然の味覚をまるごと堪能できる。

浴室はなく、家族は週に二、三度、からだを拭くだけだ。キッチンにたらいを置き、汲んできた水をひしゃくで移す。大陸性の乾燥気候なので、汗をかいてもすぐに乾くが、汚れは定期的に拭き取る必要がある。洗髪は週に一度の割合で、家族全員で協力しあっている。かれらと接していても、体臭を感じることはなく、さっぱりと清潔にしていた。

夕食が終わったのは、夜一〇時半だった。二時間にわたってわたしの質問に家族全員が答えてくれて、にぎやかな夕べを過ごした。窓の外は真っ暗になっており、エレーナはわたしを外のトイレに案内してくれた。母屋から二〇メートル離れた小屋のなかにあり、懐中電灯で足元を照らしながら、彼女は小声でこう告げた。

「寝るまえにかならず用を足し、深夜、一人でトイレに行かないようにしてください。クマやオオカミが出没しますから。広大な森林には豊富に食べ物があるので人家を襲うことはありませんが、獣の影にびっくりするかもしれません」

妖気をはらむ闇夜のシベリアに、わたしは固唾を呑んだ。シベリア各地では森林伐採などによる乱開発で深刻な環境破壊が進んでいる。だが、シベリア奥地まではおよんでいないので、このあたりでは動物が住み処を追われ、餌が激減する事態にまではいたっていない。人間と野生動物の距離は十分に確保されているとはいうものの、「注意を怠ることのないように」とエレーナはわたしに注意を喚起した。

ゴレーンドル人が住む集落の周囲には、広大な土地が広がっている。アレクセーイは家庭菜園や牛の放牧地を所有しているが、これらの土地はどのような行政手続きで取得したのだろうか。

「土地は法的にいえば国有地です。ただ自力で開墾すれば、村役場に無断でいくらでも自分のものとして利用できます。手続きのためにザラリー村役場にでかけると、行政上の規定をくわしく読み、申請用紙に記入するように求められます。一度で手続きが終了することはなく、なんども村役場まで通うことになります。携帯電話が通じないので、書類の訂正や資料の不備については村役場に確認にいくしかありません。とても面倒なことです。でも、当局者が土地利用の実態を調査するために、集落を訪問することはありません。だから、行政当局の許可がなくても、国有地に無許可で家屋を建てようが、放牧地を造成しようがなんらトラブルは発生しません」

ゴレーンドル人にとって森林は身近な存在であり、国有地といわれても具体的にイメージできない。テレビもラジオも、さらに新聞もない生活では、ロシア国内にあっても国家も法律も意識する手がかりがない。アレクセーイの話では、村役場の職員はロシア人であり、かれらは異文化のゴレーンドル人に積極的に関わろうとしてこなかった。エレーナは、自由を満喫するゴレーンドル人のことわざを教えてくれた。

「シベリアよりもよいところはない（Лучше Сибири нет земли.）」

複雑な言語と信仰

食卓を囲んで話していると、アレクセーイとエレーナがときどき耳慣れない言語で会話するのに気づいた。わたしの質問を受けて、二人はたがいに返答の内容を確認しあっている様子だ。わたしはかれらとロシア語で会話しているが、夫婦だけで交わすことばはアクセントがくる音節がロシア語よりも不明瞭で、語調が柔らかく感じられる。夫婦に使用言語を尋ねると、エレーナの表情がうれしそうに和らぐ。

「わたしたちは、ひとつの言語で会話しているわけではありません。ロシア語を話すことができますが、あわせてウクライナ語とベラルーシ語の訛りが入っています。ときには、ポーランド語とドイツ語も加わります。ただ意識的に言語を選んで使っているのではなく、ごっちゃ混ぜです。ゴレーンドル語と名づけるのが正しいのかもしれません」

五つの言語をより糸のように絡みあわせて独自の言語を編んでいるが、エレーナは多言語を使用していると意識したことはないと正直だ。多様なことばが、日常生活に内在化しているようだ。言語は一般的に民族を規定する重要な指標であり、民族としてのアイデンティティーの源泉となっている。この点で、ゴレーンドル人は民族や国家にとらわれない広範な受容性に富んでいるように思う。

のびやかに心地よい人びとがシベリアの辺鄙な奥地に暮らしていることに感心していると、エレーナはわたしを夫婦の部屋に案内してくれた。片隅に据えられた棚のなかから古書をとりだして、差しだした。その場所は、部屋のなかでもっとも神聖なところらしい。表紙をめくったページの下に、発行年が一九一一年と印字されている。すでに一〇〇年以上が経過し、紙は赤茶色にすっかり変色している。

「この書物は、『祈禱書（ксенжки）』です。各家庭に備えられており、『聖書』と名づける家もあります。呼称がちがっても、中身はポーランドの聖人サムイール・ドームプロフスキーの説教集で、ポーランド語で書かれています」

祈禱書には神に捧げることばが綴られており、ゴレーンドル人がポーランド語でお祈りしていることに驚くと、エレーナは最初のページから読み聞かせてくれた。ポーランドはカトリックの国であり、先の聖人はカトリック教徒にとって慈悲深い人物と敬われている。では、ゴレーンドル人はカトリック教徒なのだろうか。

わたしが到着した翌日、アレクセーイとエレーナは祈禱のためにゴレーンドル人が集まる建物に案内してくれた。徒歩で一五分のところにある、一九一二年に移住してきたギームボルク家の旧宅だ。いま空き家になっているのは主人が亡くなり、妻がイルクーツクに移り住んだからで、家屋は集会所として利用されている。それ以前は各世帯持ちまわりで家屋を提供し、いわば「集落の隠れ家で祈禱していた（молились по углам）」と形容した。ギームボルク家の旧宅の客間に配置された丸テーブルのうえに、高さが四〇センチほどの十字架が載っている。「テーブルを囲んで出席者が祈禱書を朗読します」とアレクセーイは表情をひきしめる。室内の床は板張りで、壁には簡素な飾りがほどこされていて、壁一面にイコンがはりつけられたロシア正教会のきらびやかな雰囲気とは真反対だ。ゴレーンドル人は祈禱書を朗読しながら、テーブルの十字架に向きあう。神につつしんで仕える敬虔な祈りに徹し、神を深く敬っている様子が見てとれる。エレーナはわたしに、十字架を囲む椅子に座るようにすすめてくれた。

「両親と祖父母、さらに家系を何百年もさかのぼっていくと、もともとわたしたちはルーテル派に属していました。ポーランド・リトアニア共和国にたどり着くまえにドイツ国内を放浪していたときに、ルーテル派になったと聞いたことがあります」

エレーナの告白に驚愕した。祈禱書はポーランド語で書かれたカトリック教のものな

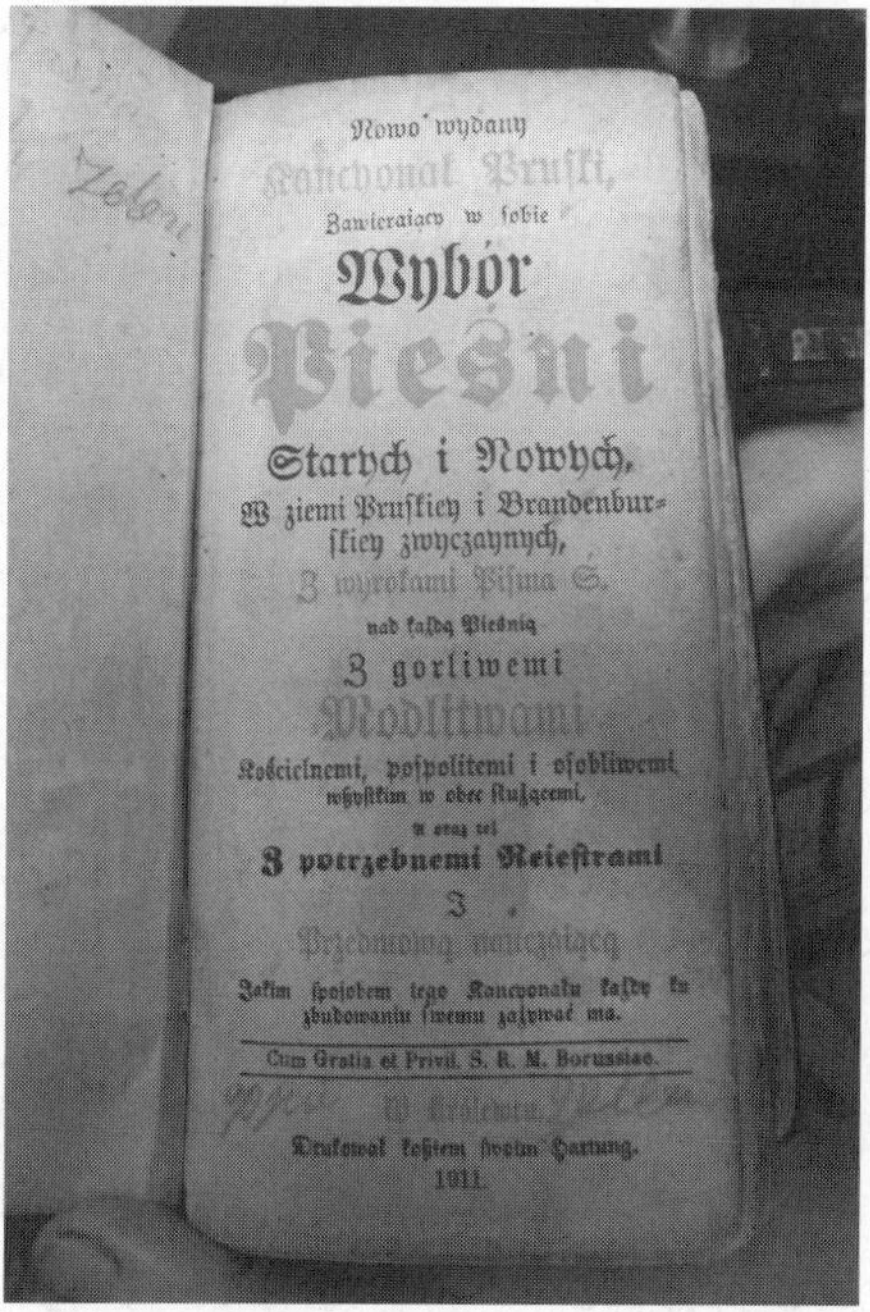

リュードヴィク家が使用するポーランド語の祈禱書

のに、かれらはカトリックに抗するプロテスタント教徒だというのだ。ルーテル派とは一五一七年のルターの宗教改革に賛同する信徒によるプロテスタント最大の教派となっている。ルターは免罪符濫売に反発し、カトリックの道徳観を激しく批判する九五カ条の論題を公表したために教皇によって破門された。これを契機に、宗教改革の動きがヨーロッパにひろまる。ルターは神による救済は神父を介する行為ではなく、信者一人ひとりによる敬虔な信仰によってほどこされると説き、聖書への回帰を訴えた。ルターの改革は教会権力を否定し、個々人の信者が聖書を熟読するようにさとした。ルターが聖書のドイツ語訳を完成させたといわれており、キリストの徳をほめたたえるいくつもの讃美歌を作っている。これを合唱し、信者は神と直接的に向きあう。わたしが宗教史の記憶をさぐっていると、エレーナが話題を奇妙な方に転じた。

「じつはわたしたちの集落に月に一度、イルクーツクからカトリック教会の司祭が訪れ、いっしょに祈禱しています。過去にさかのぼると、最初に来訪した司祭はイグナーティー神父です。かれはわたしたちに、『ゴレーンドル人の暮らす地は、わたしの好きな教区のひとつです。あなたたちは神にたいしてごく自然に振る舞い、誠実に向きあっています。みなさんの信仰心が、カトリックの宗教儀式を冒瀆するようなことはありません』と褒めてくれました。もう一五年以上もまえの話です。わたしはいまでもイグナーティー神父を尊敬していますが、かれはかなりの高齢です。残念ですが、もうここにくる体力はありません」

エレーナの話によれば、イグナーティー神父はザラリー村と結ぶ道路が拡張された頃から来訪するようになったと振り返る。カトリック教会の神父がプロテスタント教徒の集落を訪問することは考えられないことだが、両者のそもそもの出会いについては不明な点が多い。彼女によれば、「わたしたちの存在を聞きつけたカトリック教会の司祭たちがルーテル派だと知らずにやってきた」ということらしい。それにしてもプロテスタント教徒がカトリック教会の神父とともに祈禱するのは、不可解な光景で、常識をひっくり返すほどの衝撃がわたしをすっぽり包む。彼女はイグナーティー神父のあとはミロスラーフ神父が受け継ぎ、現在は三代目のパーヴェル神父が通ってくると目を輝かせて喜んでいた。

不思議な宗教生活

ギームボルク家の旧宅で繰り広げられる礼拝の様子は、朗らかだ。

「毎回の参加者は五〇人ほどで、十字架のまわりに集います。最初に信者の一人が、『わたしたちの神父様……』とポーランド語で呼びかけます。これに呼応して神父が礼拝式の開始をロシア語で宣言します。つぎに、みんなでポーランド語の祈禱書を読みあげていきます。最後にルーテル教会の讃美歌をポーランド語でうたいます。合唱が終わると、

集会所の十字架を前に礼拝の流れを説明するエレーナ

全員が着席し、酒を酌み交わします。少しばかりの前菜を口にいれ、みんなの気持ちが朗らかになったところで、全員でロシア民謡をうたいます」

　部屋が狭いから、五〇人でいっぱいになるようだ。カトリックの神父をまじえてプロテスタントの讃美歌を合唱し、ウォッカを飲みながらロシアの民族音楽に興じるのだというエレーナのことばは楽しげだ。つよまる語勢でもってわたしをさらに驚かせた。

「わたしたちの宗教行事は、ロシア正教会暦にもとづいて行なっています。とくに正教会でもっとも重要な祭日である復活大祭（Пасха）をわたしたちもお祝いし、ロシア正教徒と同じように『ハリストス（キリスト）復活！』とあいさつを交わしています」

　ゴレーンドル人はルーテル派を自認しながらも、カトリック神父のもとで礼拝し、一年間の宗教行事はロシア正教会暦にしたがっているというのだ。

　キリスト教はローマ・カトリックとプロテスタントに分裂し、両者の和解は歴史的な課題となっている。さらにローマ・カトリックは現在でも、ロシア正教会とのあいだで亀裂を残したままである。ローマ・カトリックは一〇五四年に大分裂を起こし、東方正教会が誕生した。当時、コンスタンチノープル（現在のイスタンブール）総主教を首長とする正教会が各地に誕生したが、のちにロシア正教会は独立した宗教組織によりロシア国内に浸透していく。ローマ・カトリックが宗教と世俗支配者の分離をかかげるのにたいして、ロシア正教会は両者の一体化を説き、総主教を心臓、世俗支配者をからだにたとえるなど相違点は大きい。

しかし近年、ゴレーンドル人はカトリック神父の言動に疑念を抱くようになったと、エレーナは目をふせる。ピーフティンスク集落のやや外れに建つ空き家に、カトリックを信奉するロシア人男性が住みはじめたからだ。家屋はゴレーンドル人が所有していたが、他界したためにだれも住まなくなった。どのような経緯があったのか滞在中には知ることができなかったが、カトリック神父の指示でロシア人が住みつくようになったと噂されている。

エレーナは「不快なことです」と感情を露わにして、その家に連れていってくれた。木造の家屋はかなり老朽化し、傾いている。道に面した出窓の左右に白いカーテンが垂れ下がり、窓際に道路に向けて高さ約四〇センチのマリア像が置かれていた。このマリア像をゴレーンドル人は奇怪の極みと感じる。プロテスタントは聖像を崇拝せず、ゴレーンドル人にとってもマリア像は身近な存在ではないからだ。しかも家屋の屋根に十字架がそびえたっており、ゴレーンドル人はいぶかしむ。エレーナは「単純に違和感があります」と心情を語り、表立って抗議するつもりはないと言い足した。

自然の中の生と死

エレーナはわたしを、ダグニーク集落のはずれにある墓地に誘ってくれた。冒頭のミハイール・ギリジェブラーントの家があるところで、スレードニー・ピーフティンスク集落から車で二〇分ほどの距離にある。四〇年以上もまえに製造されたソ連製の自動車は外装のいたるところが錆びており、すぐにでも停止しそうなときれときれのエンジン音を立てている。助手席に座ったが、エレーナのハンドルさばきに不安になった。彼女はまえのめりの姿勢でハンドルを握り、フロントガラスの左右の方向に視線を向ける余裕はなさそうだ。対向車も通行人も見かけないので、交通事故に遭遇する可能性はないが、運転がぎこちない。エレーナにただしてみると、苦笑いを浮かべた。

「わたしは無免許です。車はザラリー村で買ったのですが、教習所はわたしたちの集落にはありません。車はスレードニー・ピーフティンスク集落のみんなで共有していますが、だれひとりとして運転免許証を取得していません」

日本でも最近話題となっているカーシェアリングの先取りといえる。ただロシアの法律では、無免許運転が発覚した場合は二五〇〇ルーブル（四三〇〇円）の罰金（二〇一三年九月以降は最大一万五〇〇〇ルーブル（二万五八〇〇円））が科せられる。ザラリー村からわたしを運んできたアレクサーンドルが「警察官は伝説上の人物だ」と教えてくれたが、エレーナは破顔一笑してことばを足す。

「三年まえにザラリー村役場から新任の警察官を紹介する文書が、わたしたちの集落に配布されました。顔写真も印刷されていました。でも、かれはわたしたちのまえにいちども姿を現したことはありませんし、かれへの連絡方法もわかりません。たとえ電話番号が記載されていても、携帯電話はつながりません。わたしたちの集落では事件も事故も発生しないので、警察官にお世話になることはありません」

ゴレーンドル人の住む集落は周辺地域から遮断されているために見知らぬ人たちが訪問してくることはない。三つの集落には自衛団も自治会も結成されておらず、集落の人びとが集まって問題を協議することもない。集落のなかにザラリー村議会選挙の投票所が設けられることもなく、ロシア大統領選挙を含めた国政選挙にも投票したことがない、とエレーナは教えてくれた。

このような会話を交わしつつ、わたしたちはダグニークに到着した。集落には一本の砂利道が走っているだけで、両脇に並ぶ家屋の背後には深い森林が迫っている。エレーナは集落を通りすぎた地点で車をとめて、わたしたちは徒歩で森林のなかに入っていった。小高い丘の一部を伐採したところに、ゴレーンドル人の眠る墓地が見えてきた。縦に四〇メートル、横に三〇メートルの静寂な空間だ。土葬の慣習が現在でもつづいており、エレーナの説明では、「墓地を作ったさいに、はらい浄めたのはイルクーツクからやってきたカトリック神父だ」と回想する。

墓地のなかの一つひとつの墓の周囲は、鉄柵で仕切られている。この敷地内に一族が眠っており、一人ひとりに木製の墓標がたてられている。びっくりすることに同じ家族であっても、墓標は異なる十字架の形をしている。カトリックの十字架のものは上と下に短い横棒がついており、なかには墓標にポーランド語で文字が綴られているものがある。カトリックの墓標のすぐ隣の柱は、下の棒が右端を斜めに下げるロシア正教会の十字架の形をしている。さらに同じ家族であっても、柱がなくて盛土だけの墓もある。わたしが混在する墓標について質問すると、エレーナの快活な笑い声が響いた。

「十字架の違いに、どれだけの意味があるのでしょうか。気にとめることはありません。遺体を埋葬するにあたって遺族はゴレーンドル人のだれかに十字架の設置を頼みます。依頼されたひとは森林に入って木を伐採し、身近な十字架をまねて作るのです。そして、そのひとが届けてくれたものを家族はたてています。真冬や豪雨のときは森林に近づくことができませんので、十字架の制作を断念します。そのときは盛土だけになってしまい、葬儀のあとで十字架をたてるようなことはしません」

ゴレーンドル人はルーテル派を自認しているが、十字架がカトリックの形状であっても、ロシア正教会の形であっても、違和感を抱くことはない。盛土だけという非宗教的な埋葬方法でも、ゴレーンドル人が不調和に思い悩むこともない。このようにゴレーンドル人は寛容な精神を育んできているが、厳格な面もある。

「わたしたちの集落では、自殺したひとの死体を墓地のなかに埋葬することは認められていません。自殺は、みずからの手で自分を殺してしまう背徳行為です。この罪を負っても、すでにそのひとは世に存在しないわけです。だから、悔いあらためて神の赦しを受けることができません。自分で自分の命を断つのは、もっとも罪深いことです」

エレーナは、墓地を囲む鉄柵の外を指さす。その先には草木で覆われた荒地が広がっており、「あそこに自殺者の遺体を埋めます」と顔をしかめた。わたしが墓地にたどり着いたとき、周囲に鉄柵が設置されていることをとっぴに感じた。森林を切り拓いて墓地を造成したにしても、わざわざ仕切りをもうけることの必要性をわたしは疑った。エレーナの説明では、「死後に神の赦しを受ける機会をみずから断ちきったひとを墓地から排除するために鉄柵は必要なのだ」と語気をつよめた。それにしても、シベリアの奥地で暮らすゴレーンドル人のなかに、自殺するひとがいるのだろうか。わたしの質問にエレーナはいっさい答えずに突如、重苦しい空気につつまれた。

三日間の滞在を終え、ゴレーンドル人が住む集落を離れるときがきた。シベリア奥地での生活は、利便性を至上価値としてかかげる近代文明から無縁だった。かれらが生きるのに最低限必要なものを、自然は供与する。かれらは自然の恵みを享受し、自然が創造する深い森林のおかげでむかしからの多様な価値を培うことができている。近代文明が生みだした国民国家からも、民族という縛りからも自由に生き延びてきているのである。

運転手のアレクサーンドルが、約束した午前一一時に迎えにきてくれた。ゴレーンドル人たちがわたしを見送りに集まった。一人ひとりに感謝の気持ちを告げて、わたしは車に乗りこんだ。再会する機会はないのだろうか。エンジン音が響くと、エレーナは別れの不思議なことばを発した。

「また電話してね。森のひとよ！（Дубранец!）」

西方教会のラテン十字（左端）やロシア正教会でまれに用いられる
六端十字架（右端）が並ぶ墓地

シベリアこぼれ話――6

ウォッカで我に返る

ゴレーンドル人が住む集落に向かう途中、シベリア大平原で飲んだウォッカ。そのとき、運転手のアレクサーンドルはウォッカの飲み方を伝授してくれた。手にグラスを持ってから の呼吸がポイントらしい。両ひじを真横に引き、胸を大きく広げる。そこで思い切って空気を吸い込み、ハッとはき出す。そして間髪を入れずに、ふたたび空気を吸い込む勢いでウォッカを飲み干すというのだ。一気に食道から胃に放り込む感覚らしい。味を堪能したり、香りを嗅いだりする必要もないといわんばかりだ。

「シベリアに乾杯!」

シベリアの果てしない単調な光景に陶酔し、気が抜けてぼんやりとしてしまったわたしの心の襞に、ウォッカはしみこむのだった。まるで酔い止めの液体の薬を飲むような感じだ。ウォッカにピクッと神経が反応する感覚も、頼もしい。こうしてわたしは、心に張りを回復できた。

二人で乾杯を繰り返すと、すぐにビンは空っぽになった。するとかれは唐突に、不可解なしぐさを始めた。空ビンを逆さにして底を親指の付け根でポンポンと叩く。底に残っているウォッカの滴を、叩き出そうというのであろう。確かにわずかに滴り落ちるのであるが、まだまだアレクサーンドルはあきらめない。

つぎに彼は逆さのビンを両手で握り、ねじるように力を込める。まるでタオルを絞るかのような動作だ。すると不思議なことに一滴が、あたりの気配を警戒するかのようにビンの口からそっと垂れてきた。指先ですくい、それを愛おしそうにのばした舌で舐める。アレクサーンドルは青空を仰ぎながら、独り言を発した。

「この一滴が、極上の美味しさなのだ」

すると突然、アレクサーンドルはわたしの頭を両手でガバッと鷲づかみにして、頭髪に自分の鼻先をこすりつけるのだ。さすがにわたしは動揺したが、抵抗できなかった。思い切り頭皮のにおいを吸い込んでいるような彼の荒い鼻息が、わたしの耳に響く。わたしは何日も洗髪していないので、酸っぱいにおいを放っているに違いない。

「すごいにおいだね」

自分の嗅覚を点検することで、彼は自分の神経が正常に働いていると自信をもつというのだ。じつは、ウォッカを飲んだあとにやたらににおいを嗅ぐのは、ロシアの伝統的な作法である。きついにおいを嗅ぎ、自分の感覚が正常になっていることを確認する。つまり、ウォッカをあおることで、自分が酔っていないまともな状態にあると見極めてさらにもう一杯。倒錯したロシアの真骨頂だ。

もし隣人がいない場合は、汗で臭くなった自分のシャツの袖口や手首に鼻をこすりつける。家庭で飲む時には、黒パンを鼻先に押しつけてライ麦の甘酸っぱい匂いを嗅ぐ。ロシア人はウォッカを飲むことで、自我を取り戻しているのである。

終章　「第二のエルサレム」へ

コスモポリタニズムと多様性のシベリア

諸宗教の乱立

「チター市はあなたを歓迎します。ここは、『第二のエルサレム』の地です」

わたしを空港で出迎えてくれたヴァジーム・ナルィーシキンは、こう語りかけてきた。

二〇一四年一〇月二日夜にモスクワを離陸した飛行機は東に進路をとり、ウラル山脈を越え、バイカル湖東岸を過ぎたあたりから降下を開始した。六時間二〇分のフライトを終えてチター市に降り立ったのは、現地時間の翌日一〇時五分だった。チターは、行政区分上のシベリアと極東の境に位置する。市街地から一八キロ離れた空港は晩秋の佇まいが色濃く、気温は五度と薄ら寒い。チターが「第二のエルサレム」と称されていることを知らなかったので、ナルィーシキンのことばに戸惑った。かれはハンドルを握りながら、助手席のわたしに得意げに説明する。

「チターの旧市街地にロシア正教会とイスラム教とユダヤ教の宗教施設が出現したのは、一〇〇年以上もむかしのことです。神はひとつですから、互いに近いほうがよいのです」

これら三つの宗教は「三大一神教」といわれ、三者の聖地がエルサレムのなかに点在し、複雑に絡みあっている。神のことをキリスト教では頭文字を大文字で表記し、ユダヤ教は「エホバ」、イスラム教は「アッラー」とよんで崇めている。

「第二のエルサレムといっても、旧チター丘陵をめぐって三つの宗教が露骨に反発しあっているわけではありません。たがいに尊重しあい、忍耐強く共存しています。だから『宗教の寄り合い（конфессиональное соседство）』が可能なのは、チターだけなのです」

ナルィーシキンは、旧チター丘陵は「融和のシンボルだ」とうれしそうだ。「旧チター丘陵」とは旧市街地のことで、現在の中心地から南東に三キロの地点に広がり、丘陵の南西側にインゴダー川とチター川の合流地点をのぞむ。三つの宗教は一般的に民族紛争の要因となっていると指摘されることが多いが、チターでは「奉じる神は同じ」なので、いわば兄弟関係にあるとたとえられているようだ。

三つの宗教がそれぞれに旧チター丘陵を聖地として抗っているわけではないので、正確にいえば「第二のエルサレム」という響きは少し誇張が含まれているように感じられる。旧チター丘陵に行ってみると、ロシア正教会はセレンギーンスカヤ通り、ユダヤ教のシナゴーガ（教会）はインゴジーンスカヤ通り、そしてイスラム教のモスクはアノーヒン通りにあり、半径三〇〇メートル以内と本当に近い距離にある。

これらの建物はロシア帝政時代に建立されており、プーチン政権下でキリスト教プロテスタント系のバプテスト教会も加わった。いったん旧チター丘陵をはなれて市内を散歩すると、仏教寺院やローマ・カトリック教会、保守的なプロテスタント系に色分けされる福音協会など三〇棟を数える宗教施設に目がとまる。じつは、多くの宗教の施設が乱立している光景はチターにかぎったことではない。シベリア各地を旅行すると、トームスク、オームスク、イルクーツクの各都市でも街角で思いがけずめぐり合う。ただ日本でも諸宗教は乱立しているので、チターの風景は特筆すべきことではないのかもしれないのだが……。

はしごする住民

わたしは一〇月五日、ユダヤ教のシナゴーガでグリゴーリー・エレーミンと面会した。三五歳のかれは、突然の訪問にあわてた様子だ。

「イスラエルに出張中の父が代表者で、一二月に帰国する予定です。チター市のユダヤ教徒は二〇〇〇人、ロシア帝政時代からシベリアで最大級の規模を誇っています」

一九〇七年に建築された四階建の石造りのシナゴーガは、外壁の一部がはがれ落ちて

旧チター丘陵のシナゴーガ

しまっているが、壮麗な装飾は周囲の目をひく。玄関口の鉄扉のうえに「カメラ監視中」というステッカーが貼られており、物々しい雰囲気だ。シナゴーガが使用しているのは建物の一階だけで、内部は四つの部屋に仕切られている。八〇人ほどの信者を収容できる祈禱室がもっとも広く、三〇人の子どもたちがユダヤ教を勉強できる学習室、代表者の執務室、キッチンが配置されている。

エレーミンの話をまとめると、チター市内にユダヤ教徒が最初に到来したのは一八二六年で、大半は流刑囚だった。かれらを追って一八五一年以降に多くのユダヤ教徒がバイカル湖の周辺地から押し寄せ、二〇世紀前半にチターの経済発展に貢献したようだ。現在、ロシア全土に二三万人のユダヤ教徒が住んでいるといわれているが、ソ連邦崩壊時にイスラエルへ出国し、その後ロシアに帰還したひともおり、正確な人数は不明だ。ユダヤ教徒であることを隠すひとは、ソ連時代とくらべると少なくなったのは確実である。旧チター丘陵に三つの宗教施設があることに話題をふると、エレーミンはかすかな笑みを浮かべた。

「ユダヤ教徒のなかにロシア正教会やイスラム寺院、さらには仏教寺院に通っている信者がいます。でも、わたしたちは禁止しておらず、実態はわかりません」

わたしが啞然としていると、六三歳のイネッサ・クジーナが部屋に入ってきた。シナゴーガで事務を担当しており、快活な彼女は内情に踏みこむ。

「ユダヤ教徒は、母方の宗教を継ぎます。母親がユダヤ教徒ならば、父親がだれであろ

グリゴーリー・エレーミン（左端）とユダヤ教徒たち

うとも、子どもは全員、ユダヤ教徒になります。ユダヤ教徒の父親がほかの宗教の女性と結婚すると、子どもがユダヤ教徒になる確率は五〇パーセントです」

チタ一市内では、ユダヤ教徒の男性がイスラム教徒やロシア正教会の女性と結婚するケースがあるようだ。子どもがユダヤ教徒になるとはかぎらないが、それでも父親に連れられてシナゴーガに通ってくるらしい。

「シナゴーガのすぐ隣に一九〇六年に建立されたモスク、ちょっと先にはより古い一七七六年に建てられたロシア正教会があります。だからユダヤ教徒の友だちに連れられて礼拝を終えたイスラム教徒のタタール人、アゼルバイジャン人、ウズベク人、キルギス人、さらに正教徒のロシア人が立ち寄ってきます。市内にアルメニア正教会もあり、アルメニア人の姿も見かけます。みんなでお茶を飲みながら談笑します。新年や祝日にはイスラム教やロシア正教会の代表者がお祝いにかけつけ、祝宴をあげながら音楽にあわせてダンスをしています」

チタ一ではサッカーなどのスポーツ大会が盛んで、ユダヤ教徒やロシア人にまじってタタール人、朝鮮人、ドイツ人、コサックの末裔などが参加しているという。エレーミンはユダヤ教徒のチームが着るユニホームを誇らしげにみせてくれた。背中には「ソーボリ（クロテン）」と刺繍されている。最高級の毛皮獣がチーム名なのだ。

二つ目の宗教としての仏教

　わたしはシナゴーガを訪問した足で、イスラム寺院に向かった。西シベリアでなんども見かけた威風堂々としたモスクとくらべて、控えめな造りだ。建物の修繕用道具を手入れしていた二九歳のリマート・サイダーメフが近づいてきた。シナゴーガからの帰り道であることを正直に話すと、かれは握手を求めてきた。

「わたしはイスラム教徒ですが、シナゴーガと仏教寺院を訪問しています。シナゴーガはすぐ隣にありますので、ユダヤ教徒と挨拶を交わすうちに親しくなりました。友人のなかに仏教徒が結構たくさんおり、二〇一〇年に完成したチターー・ダッァーン（仏教寺院）に誘われます。あす高位の僧が来るという知らせを受けとりましたので、かならず行きます。仏教の教義についてあまり知らないのですが、気に入っているラマ僧がいて、かならず面会するのがたのしみです。ただロシア正教会は嫌いというわけではありませんが、関心がありません」

　サイダーメフは、キリスト教よりも仏教に親近感を抱くイスラム教徒が多いという。仏教はかれらにとってあまりにもかけ離れているので、この異質性がかえって新鮮で、魅力的に感じられるのだろう。わたしたちはふつう、慣れ親しんだものに相性のよさを感じてしまうが、イスラム教徒の好奇心にはそれとは逆のベクトルが働くようだ。テュベテーイカ（イスラム教徒の多いシベリア南部や中央アジアで衣装として用いられる帽子）をかぶったイスラム教徒がラマ僧と向きあう光景は信じがたいが、サイダーメフは仏教寺院に入るまえに帽子をとるひとが多いと仏教への配慮をうかがわせた。

サイダーメフが訪れるチタ－・ダツァーンは、市の中心地から北に三キロの小高い丘にそびえている。本殿を囲むように三棟の小さな家屋が建っており、その一つひとつでラマ僧が住民と面会している。わたしが一〇月九日に寺院を訪問すると、人気の高いラマ僧の家屋の玄関には一〇人ほどがベンチに座って順番を待っていた。かれらのなかにはロシア正教徒であることを明かすひとがおり、ナターシャと名乗る二七歳の若い女性が気持ちの変化を言い表した。

「わたしは幼いころから、祖母に連れられてロシア正教会に通っていました。ところが一七歳のときです。父親の運転する車でチターから西方に走っていると、峠に小さな仏教寺院を見かけました。青空に映える色彩の艶やかな建物に驚き、内部をのぞいてみることにしました。絢爛豪華な内装と天井に描かれた龍の絵に感動していると、ラマ僧がやさしく声をかけてきました。ロシア正教会では一人で祈禱し、司祭とことばを交わすことはめったにありません。正教徒から改宗したわけではありませんが、仏教寺院に足をはこぶ回数は断然ふえました」

旧チター丘陵では三つの宗教が寄りあっていると書き記したが、じつはロシア正教徒、ユダヤ教徒、イスラム教徒に共通するのは仏教が二つ目の宗教として人気が高いという

旧チタール丘陵のモスクで礼拝するサイダーメフ

ことである。仏教はシベリア土着のシャマニーズムと融合しながら根をはり、ラマ僧が来訪者に積極的に声をかける。さらに近年、ロシアが外交政策でアジア志向に転じていることも、仏教の地位をおしあげている。

多民族のチター

チターの中心部を四車線のレーニン通りが走っており、両脇にはロシア軍や州政府の荘厳な建築群が並んでいる。休日には三メートルもの幅の歩道を散歩する家族連れの姿が目立つ。かれらの会話に耳をすますと、ロシア語だけではなく、ブリヤート語やエヴェーン語、タタール語、加えて中央アジア諸国やカフカース地方の言語、さらに朝鮮語などが飛びかっている。小さな食料品店で働く三二歳のカーチャという名前の女性によれば、チターはシベリアの縮図なのだという。

「市内には一〇七の民族が混在し、シベリアに典型的な『人種のるつぼ』のような都市です。父はロシア人、母はブリヤート人なので、わたしは二つの言語を話すことができますが、友だちにタタール人が多く、タタール語にも不自由しません。この地ではロシア語は多言語のひとつにすぎず、多くの住人が二つ以上のことばを日常的に使っています。日本語以外のほとんどの言語が通用します」

チター市内で最も大きい仏教寺院のチター・ダツァーン

チターのあるザバイカーリエ地方の民族数は一二〇を数え、宗教を越えた民族間の婚姻も一般的だ。学校ではロシア語で授業を受けるが、遊びのときの子どもたちは自分の慣れ親しんでいる言語で声をはりあげ、多言語が響きわたる。このような交友をとおしてかれらは未知の言語を習得し、異民族の文化や習慣に精通していく。だからロシア語で学校教育を受けても、ロシア語が多民族を結ぶ共通語として特別の地位を得ることはなく、シベリアの多言語のなかのひとつにとどまるのだ。

中心のないシベリア

ロシアは一七世紀以降、絶大な政治的、経済的、文化的な支配力を背景にして、シベリアをロシア国土に編入した。にもかかわらず、ロシア人に占領されたシベリアはロシア一色に染められることはなく、ロシアはシベリアに内在するひとつの要素に還元されてしまった。シベリアをまわると、その一つひとつの町や村、集落は、まるで万華鏡をのぞきこんだときに光り輝く模様のように多彩な様相を見せてくれた。ロシアは、シベリア各地の絵柄を彩る一つのピースに砕かれたかのようにわたしには思われる。シベリアの森林地帯では、豊かな土壌に無数の微生物が生息し、多種の樹木が育ち、種々の野生動物とともに多様な生態系が絶妙なバランスで形成されている。だからこそ大自然からたくさんの恵みを受けることができるのだということをシベリアっ子はよく知っている。他方で、圧倒的な優位性をもつひとつの要素が支配する自然は、自給自足の生活を満たす豊富な恵みをもたらすことはない。多様性こそが豊かさを生み出すことを実生活で熟知しているのである。

ソ連時代にシベリアはロシア人の圧政によって特性を消失してしまったといわれているが、この言説だけでは説明しきれない事象をいくつもわたしは見た。シベリアの村はロシアを相対化しながら受容し、多少なりとも自分たちの文化や宗教を堅持してきたのだ。このような寛容性と一貫性は、ロシアから逃避するロシア人の異端者の世捨て人にさえ、安住の地を提供する。もはやここにいたっては「ロシアのなかのシベリア」という捉え方には限界があることが露呈し、これに替わって「シベリアのなかのロシア」というべき逆転の構図が浮き彫りになってきはしないだろうか。シベリアに住む人びとは、多様性に包まれながら、平然と「すべてのものが隣り合わせに存在している（Всё рядом...）」とつよく主張する。

「シベリアって、シベリアって、それだけではないね……（Сибирь,Сибирь и не только...）」

シベリアの風景を撮影しているイルクーツク在住の写真家ボリース・ドミートリエフは、シベリアをこう不明瞭に形容した。シベリアを一つのことばで括ることができず、まるで困り果てたような文言だ。シベリアを語るとき、シベリアっ子は無限大の荒野を見つめているかのように焦点が定まらず、その表情は日本では考えられないような曖昧さに覆われる。たとえばわたしがなんどもシベリアの中心地を尋ねても、だれも明確に回答してくれない。すべてが隣り合わせに存在するのだから、逆に中心がないと考えるのは当然のことなのかもしれない。シベリアをリング状のドーナツ（пончик с дыркой）にたとえると、まんなかが空洞なので、一人ひとりは自由の空間を確保できるが、他方で周囲がやたらと分厚く、この厚みが人びとに充足感をあたえているのだろう。このイメージをモスクワの友人に話すと、「未知の辺境としてのシベリアをドーナツにたとえるなんて、一度も考えたことがなかった。ドーナツの穴の謎とシベリアの印象が重なるのは、なんとなくわかる」と感想をくれた。一見、中心がないのですべてがバラバラに存在しているように感じられるが、空洞の真ん中に引き寄せられるように周囲をかためてシベリアは全体として不思議な一体感を創出しているのかもしれない。

想像を絶する多様性と厳しい自然環境のなかで鍛えられたシベリアっ子の強い精神力と忍耐力は、モスクワでも称えられている。一〇月五日にチタ－の中心にあるレーニン広場で、「ロシア軍入隊キャンペーン」が開催された。二〇〇〇人ほどの人びとが集まり、軍人と交流していた。孫の手を引く五〇歳の軍人は、歴史の秘話を物語ってくれた。「ファシストと戦った一九四一年、モスクワを防衛していた兵士はこう叫びました。『残念だが、多くの軍隊が撃退されてしまった。もはやわれわれの兵力では持ちこたえることはできない。でも、シベリアから超人的な精神力をもつ四個師団がこちらに向かっている。シベリア軍ならば、モスクワを死守できる』。シベリア兵士は強靭な集中力をもっており、いかなる外敵もかれらを打ち負かすことができないという神話が生まれました」

そういえば第二次世界大戦中のスターリングラード攻防戦で狙撃兵として驚異的な伝説を残したヴァシーリー・ザーイツェフも、シベリアで育った。

二〇一四年一二月一日、わたしは西シベリアのオームスクを訪問した。一九〇六年のストルィピン農業改革後に農機具製造工場が相次いで建てられて、急速に発展した工業都市だ。市内のイルティーシ川とオーム川の合流地点の川岸にブーフゴリツ広場があり、住人の憩いの場となっているが、ここに「強国（Держава）」という名称の直径七メートルの大きな球体が設置されている。球面にはモスクワ国立大学の創始者ミハイール・ロマノーソフによる「ロシアの威力はシベリアによってさらに強大なものとなるだろう（России могущество Сибирью прирастать будет）」ということばが刻まれている。ロシアのありようを示し、シベリアの真髄を示唆する重い響きを放っている。

モスクワはヨーロッパに面し、むかしから欧米の政治的、経済的な影響を受けてきた。一九世紀後半以降は近代化や工業化、そして社会主義思想、二〇世紀末からは民主化と市場経済化の波が押し寄せ、二一世紀に入ってからも欧州連合（EU）や北大西洋条約機構（NATO）の東方進出に圧迫され、そのたびにモスクワは揺さぶられてきた。だがモスクワには、欧米の勢力拡大に容易に妥協できない理由がある。ウラル山脈の東方に、強大なシベリアがひかえているからだ。

モスクワが欧米路線に舵を切ると、いまはまったりと存在しているシベリアに「反欧米」ののろしが上がるかもしれない。ソ連邦崩壊後のエリツィン政権が欧米諸国に経済支援を求めたことにシベリアはつよく反発し、ロシアの崩壊が危惧された。いわば兄弟関係にあるウクライナの欧米化路線にプーチン大統領が強硬に抵抗する背景にも、シベリアの脅威がちらつく。ロシアはかつて辺境のシベリアを占領することで帝国を築きあげたが、この大国の運命を握っているのは皮肉にも未開と揶揄されたシベリアなのではないだろうか。このシベリアのなかにロシアの知られざる実態が浮き彫りになり、従来の「ロシアのなかのシベリア」では見えなかった実像にわたしは驚嘆してしまった。

そして再びの奇跡

オームスクに滞在中の一二月二日、ズナーメニエ生神女寺院をめざしてマイナス一五度のなかをホテルから四キロほど歩いた。胸に大きな金色の十字架をつけたニコラーイ司祭はイコノスタース（聖障）のまえに置かれた台座に案内し、わたしの目を見据えた。「これが、『ズナーメニエ』のイコンです。一週間まえに寺院の地下室からとりだしたばかりです。スターリン時代に寺院は破壊されてしまいましたが、そのさいに教会の鐘をはじめとして礼拝用品や文書は地下にしまいこまれました。一カ月まえに整理にとりかかったところですが、布につつまれたこの古いイコンを発見したのです。色合いなどをじっくり観察すると、アバラーク村から運びこまれた『ズナーメニエ』ではないかと思っています」

第一章で紹介したように、ロシア革命直後の戦禍から守るためにアバラーク修道院に掲げられていたイコンは船でイルティーシ川をつたってオームスクまで持ち出された。その後の所在はわからず、極東ロシアを経て中国に、さらにオーストラリアに運びさられたという噂が広がった。この悲劇を知っているニコラーイは、ことばをはずませる。

「アバラーク村のイコンがオームスクにたどりついたところで、わたしたちの寺院にこっそりと隠された可能性があります。外国に送られたという話は、イコンを守るための偽言だったのかもしれません」

この寺院の建設がはじまったのは一九一三年で、一九一七年のロシア革命のまえに完成した。だが、建立の正式な浄めの儀式が執り行なわれたのはすでに宗教弾圧がはじまった一九一九年だといわれている。これは時代状況を考えると、とても不可解な出来事だ。わたしはこれは建立の儀式ではなく、イコンがアバラーク村から持ちこまれたさいの祈禱式だったのではないかと想像する。この点をわたしがニコラーイに確かめると、

「そうだったかもしれない。でも資料がない」と残念がった。

それにしてもシベリアから遠い国外に消えてしまったとあきらめられていたイコン……。わたしが「神のやどる地」のアバラーク修道院で消失したイコンについて聞いた

のは、一年まえだった。ヴラジーミルは懸命に「イコンの所在について、あなたが偶然になにか情報を知りえたときにはかならず教えてください」と訴えかけてきた。わたしはニコラーイに、アバラーク修道院への連絡を依頼した。快諾したニコラーイは、こうことばを結んだ。

「イコンは遠方ではなく、わたしたちのすぐそばにあったのです。シベリアでは、びっくりするようなことがすぐ隣で起こります（удивительное рядом…）」

イコンはアバラーク村でさまざまな奇跡を起こしてきたが、ふたたびあたらしい伝説を生もうとしているのかもしれない。こうして「神のやどる地」に出現した神聖ロシアは、「シベリアのなかのロシア」のシンボルとして現代に息づくのである。

シベリアこぼれ話——7

チェーホフに復讐するシベリアっ子

ロシアの文豪チェーホフは一八九〇年五月、サハリンへの旅行の途中、トームスクに立ち寄った。春の冷たい雨が降り、印象を日記にこう綴った。

「トームスクは三文の値打ちもない……知り合った酔っ払いも、わたしに挨拶にくる賢い人たちも、みんな面白味に欠けている。楽しくないので、だれも部屋に通さないように宿の人に指示した……道はぬかるんでいて歩けやしない。トームスクっ子たちは、こんなに寒い春の長雨は一八四二年以来だという。トームスクの半分が浸水している。なんという幸せ……宿のメイドはスプーンを、自分の尻でぬぐってからわたしに渡した」

チェーホフは、町に一週間滞在した。一八八九年にオープンしたレストランの「スラブのバザール」については、「ランチは美味しく、とても気に入った」様子だ。チェーホフは、日常の些細な出来事を書き並べる。それらがあからさまな描写であるがゆえに、読者に強い印象をあたえるのである。

トームスクの人たちは、チェーホフの酷評にひどく落胆した。彼らは町の将来を心配し、外に目を向けて多様な価値観の受容に邁進した。二〇世紀初頭にかけて建築にバロック様式を取り入れ、トームスクをリベラリズムやシベリア独立運動の拠点にした。チェーホフの愚痴を肝に銘じ、国内有数の独自性を育んだ。現在でも社会運動の伝統は引き継がれており、若者を中心に、様々な社会団体が慈善事業などの活動を繰り広げている。

トームスクっ子たちが自信を回復したのは、最近のことだ。市民からの寄付を募って二〇〇四年、高さが二メートルのチェーホフの銅像が据えられた。よれよれのコートの襟を立て、雨傘を腰にまわして両腕で支える。メガネの右側のツルは、グニャグニャに曲がって顔に垂れ下がる。型崩れの山高帽は不恰好そのもの。台座にはこう刻まれている。

「トームスクのアントーン・パーヴロヴィチ（チェーホフ）は、ならず者の酔っ払った目をして側溝に寝そべっていた。だが、『カシターンカ』は読んでいなかった」

『カシターンカ』はチェーホフの作品だから、強烈な皮肉だ。赤毛の子犬カシターンカは栗（カシターン）のようにコロコロ可愛くて、主人と散歩すると、はしゃぎ過ぎて迷子になった。暗闇で凍えるカシターンカの姿に、作者のチェーホフが重ねられている。滑稽な姿について、初老の男性はわたしにこう明かした。

「チェーホフに復讐しているのです」

こぼれる笑顔に、偉大な作家への敬意が感じられた。わたしは二〇一五年六月一七日、チェーホフの銅像と向き合い、思わず語りかけてしまった。

「なぜ、落ちぶれた姿になったのですか」

「シベリアに来ると、ロシアはこんな扱いを受けるんだよね」

こんな返事がチェーホフから聞こえてきたような気がした。トームスクっ子たちが描くシベリアのなかのロシアのありようかもしれない。

あとがき

シベリアの疾風迅雷には、世俗社会に逆巻く妖気が漂っているように感じられた。二〇一四年九月に南シベリアのクズィール市に滞在中の夕方のことだ。空は急に真っ黒な妖雲におおわれ、アパートの窓から見える灌木の葉が突風に巻きあげられて小枝はたわむ。電線のたるみがおおきく波打つ。街並みの風景は吹きあげられた砂塵に消されてしまい、天空を引き裂くような雷光とパリパリと乾いた雷鳴に打たれる。それなのに雨は一滴も降らない不気味さに、アパートの一室でわたしは目をつぶり、耳をふさいだ。

この直前までわたしは猛々しい顔つきのシャマーンのそばにおり、欲張って何枚も撮影しているとデジタルカメラが壊れてしまったことは本文に記した。シャマーンは自分の生霊をわたしのどこかに忍びこませたのだろうか。帰国後も、かれの暗躍を疑った。シャマーンの話を盛りこんだ第四章をひとまず書き終えた二〇一五年八月中旬、岩波書店編集者の山田まりさんにメールで送信したところ、不具合が生じた。ウイルスに感染した痕跡は確認できず、ファイルに欠落も文字化けもないのに二時間おきに同一のメールが着信する事態が発生した。

わたしが日常使用しているサーバーが完全に送信できていないと判断しているためだったが、日に何万通も送受信するコンピュータで支障が見つかったのは今回のメールだけだった。サーバー管理者をまじえて問題の所在をつきとめるのに、一週間も要した。それでも偶発的なトラブルだと信じ、わたしが冗談半分にシャマーンを揶揄するメールを山田さんに送ると、同様の不具合が再発した。サーバーをいじれないので、送信が自然に停止するまで二週間ほどがかかった。

戦慄をおぼえるわたしは一〇月末、最終原稿と画像をUSBメモリーに入力して山田さんに郵送した。メールで送信することをためらったからだ。それでも山田さんから、驚愕の一報が入った。「シャマーンの画像で使わないものを泣く泣く削除したのですが、なぜかこの章全部が削除されていたのです。すぐに復元できるので問題はないのですが、こんなことは初めてで、まったく不可解でした。画像を削除させまいと、なにかつよい執念のようなものを感じます」

いまや世界各地の出来事は一瞬にしてデジタル化され、あっという間に地球を駆けめぐる。情報をとびとびの値による符合に置き換えることで、膨大な量を異常な速度で拡散できる。その速さと規模に人間の本来の思考が追いつかず、ときには人間のありようが狂わされているように思う。たしかにインターネットが手軽に利用できるようになったが、他方でなにか一点でも意気投合する相手を広範囲に探しだす人たちが増えている。ときにこれらの人びとの結びつきは実体が伴わないだけに、逆にいとも簡単に熱を帯びる。異質な価値観や多民族で彩られる足元の地域社会との面倒なしがらみを断ちきり、悲惨なテロ行為にはしる極端なケースがある。でもシベリアっ子のように多様性のなかで忍耐力は鍛えられ、そしてこの気力が寛容性を育むものだ。
想像なのだが、わたしが連ねる語、または画像のなかでシャマーンの生霊はひっそりと呼吸し、周囲の気配に目をこらしていたのだろうか。デジタル化されることを拒み、猛然と反発したかのようだ。いわばデジタル的なものとの対極に生息する存在ととらえることができる。よく考えると、山、川、湖などの宿神との一体感をいだくシャマーンは怪異としての姿を露わにする一方で、自然の一部の営為としての人間の古来の姿を体現し、自然と世俗社会が共生する大切さを気づかせてくれる。わたしたちが近代文明の進化とともに喪失した研ぎ澄まされた感性をもち、身近な自然への畏敬の念をいだきつづけているのかもしれない。

わたしは小さな集落で暮らすたくさんのシベリアっ子たちに出会い、自己完結する「シベリア物語」を紡いできたが、仕上げの段階で本文から抜けだした生霊のような幻怪に翻弄された。戸惑いを覚えながらも、わたしは謎の妖しさに魅了されてしまった。まるでシベリアの原始的な存在がわたしたちのすむ現代社会に光を照射し、影を映しだしたかのようだ。異界の出現という不穏な結末を迎えたが、じつはシャマーンからわたしたちへの切実な問いかけなのかもしれない。かれに悪意がないと思ったのは、本書を台無しにするようなことをしなかったからだ。そのようなシベリアを抱えこむロシア社会が単純に欧米化し、シベリアがモスクワの天然資源産出地として収奪されることがあってはならないと思う。

本書では、観察者の立場にいるわたしはできるだけ後ろに退いて、シベリアっ子にシベリアの妙を語らしめるように努めた。単行本のカバーと本文中に掲載した写真はすべてわたしが撮影したものであり、一人ひとりに向きあいながら心劣りがした。事象の本質をついた単純な語りは新鮮さを失うことはなく、逆にすぐに綻びがでる煩瑣な議論はシベリアには無用だ。わたしがシベリアっ子から得た、ずしりとした手応えを自然との営みのなかで解し、一人ひとりの表情や情景にできるだけ色彩を加えたつもりだ。それらが色褪せないように語りや事柄を過度に抽象化、一般化することは避け、脳裏にうかぶ一つひとつの場面を思い描き、文章のリズムも整えた。この作業はむずかしく、執筆中はICレコーダに録音した三五時間をこえるインタビューの再生を繰り返し、わたしの気持ちが日本にいてもシベリアから離れないように心がけた。

あらためて一人ひとりの声にじっと耳を傾けながら、心になんのわだかまりもない率直さに感じ入った。わたしたちは大きな富が裏打ちする利便性に慣れてしまい、幸せのありかが変わったのかもしれない。でもどんなに便利な快適性を追求しても、シベリアっ子のように心地よいまどろみに包まれることはなさそうである。打明け話をすると、ドストエフスキーが驚嘆したアブラハム時代の羊飼いを彷彿させるシベリア遊牧生活にわたしはすっと適応できた。過去の質素な生活へと時代をさかのぼるのは、案外、むずかしくない。しかし逆に、現代生活にむけて時代をくだるのは容易でなかった。四〇〇〇年まえのような牧歌的な情景からわずか三時間で過密なモスクワに降りたったとき、大量の電気製品や車、これらの騒音、さらに視界をさえぎる広告塔や建物群に埋めつくされた光景の異様さに呆然自失し、しっかり身につけていたはずの貴重品が盗まれてしまった。ネネツ人の少女が「町に行くと平衡感覚がなくなる」と嘆いたことを思いだし、愛おしさが増した。

シベリアから帰国するたびにわたしの気持ちは高ぶり、感動がふくらむにつれて、本書の着想では迷走がふかまった。そのような折、山田さんから絶妙なタイミングで「紀行文を書くのはいかがですか」というアイディアをいただいた。ストーリーの構成でも手はずを整えてくださったおかげで、「わたしのシベリア」を編むことができた。シャマーンをふくむ多彩なシベリアっ子に最大級の敬意をはらってくださった山田さんに、心からお礼を申し上げたい。

戦後七〇年にあたる二〇一五年、京都府の舞鶴引揚記念館が所蔵する「シベリア抑留・引き揚げ」の記録が世界記憶遺産に登録された。シベリアの酷寒の地で落命した日本人の抑留者は六万人にのぼるが、一人ひとりの生命力は時を超えていまのシベリアっ子に重なるところがある。抑留者の記録もあわせてお読みいただければ幸いである。

二〇一五年一一月二二日

中村逸郎

文庫のためのあとがき

二〇二〇年の春、日本では新型コロナウイルス感染症の対策が講じられた。人との距離を二メートル確保し、旅行などの不要不急の外出を控えることになった。密の環境に慣れてしまったわたしたちには、なかなかむずかしい課題と思える。でも、トナカイ遊牧民や森林の奥深くで暮らす人たちには不要不急の外出もなければ、旅行や出張に出かけることもない。隣人は一〇〇キロほど離れて住み、古来の信仰心や文化を守り、自給自足で満ちたりる生活なのだ。

わたしたちが求める「新しい生活様式」に、シベリアの人たちはなんの新鮮さも感じないだろう。何百年も紡いでいる光景であり、未来永劫に変わらない日常であろう。乱世を生き抜くために、シベリアの生活が励みになるなど、わたしは想像もしなかった。まるで時空を超えて、価値観が逆転してしまったかのようだ。とはいっても、わたしはシベリアの人たちの営みを美化するつもりはなく、ましてシベリアへの避難を勧めるわけでもない。ただいえるのは、文明に明確な優劣をつける価値基準が消えうせてしまったということだ。

地球儀を回しながら、わたしは過去・現在・未来が刻む歴史への向かい方を考え込んだ。多くの人たちが経済に軸足をおき、より便利な生活を求めてきた。過去に背をむけて未来にむかって邁進し、大きな喜びを得た。だがこれからの時代は、わたしたちの姿勢に変化が生じるかもしれない。経済を円滑に回すにしても、過去からの歩みを辿り、それらに真正面から向き合い、未来を背に後ろ歩きの姿勢で未来にゆっくり進むことになる。「一寸先は闇」と形容されるほどに不確実な未来が待ち受けているからだ。

シベリアで過ごしたまったりとした時間をあらためて思い起こしながら、わたしは幸せのありかを自問してみた。しみじみと湧きあがってくる幸せは、外的な刺激が引き起こす熱狂とは反対に、ゆっくりと満ちてくる。この感覚は、人と社会との距離感に通じるように思う。

本書の編集は、文藝春秋文庫部の曽我麻美子さんが担当してくださった。人との心地よいエモーショナルディスタンスを大切にされている曽我さんだからこそ、コロナの時代に本書が生まれたとわたしは思う。「シベリアこぼれ話」という囲みの特設ステージを用意していただき、いまでもシベリアがわたしの心に語りかけてくる豊かさを書き加えることができた。本のサイズがコンパクトになり、写真もその大きさも単行本とは変わった。曽我さんのおかげで「詩情が出るような感じ」に仕立てられ、旅心がわきたっている。わたしは文庫の妙を知り、新しいシベリアが誕生した。

二〇二〇年八月二三日

中村逸郎

単行本　二〇一六年二月　岩波書店刊
DTP制作　エヴリ・シンク
口絵・本文デザイン　木村弥世
装丁デザイン　石崎健太郎

中村逸郎（なかむら　いつろう）
1956年生まれ。学習院大学大学院政治学研究科博士課程単位取得退学。83-85年モスクワ大学留学、88-90年ソ連科学アカデミー留学。島根県立大学助教授を経て現在、筑波大学人文社会系教授。著書に『ロシア市民——体制転換を生きる』『帝政民主主義国家ロシア——プーチンの時代』『虚栄の帝国 ロシア——闇に消える「黒い」外国人たち』『東京発モスクワ秘密文書』『ロシアはどこに行くのか——タンデム型デモクラシーの限界』『ろくでなしのロシア——プーチンとロシア正教』など。

文春学藝ライブラリー
雑32

シベリア最深《さいしん》紀行《きこう》　知《し》られざる大地《だいち》への七《なな》つの旅《たび》

2020年（令和2年）10月10日　第1刷発行

著　者　　中　村　逸　郎
発行者　　花　田　朋　子
発行所　株式会社　文　藝　春　秋
〒102-8008　東京都千代田区紀尾井町3-23
電話（03）3265-1211（代表）

定価はカバーに表示してあります。
落丁、乱丁本は小社製作部宛にお送りください。送料小社負担でお取替え致します。

印刷・製本　光邦　　Printed in Japan
ISBN978-4-16-813089-2

（ ）内は解説者。品切の節はご容赦下さい。

内藤湖南
支那論
博識の漢学者にして、優れたジャーナリストであった内藤湖南。辛亥革命以後の混迷に中国の本質を見抜き、当時、大ベストセラーとなった近代日本最高の中国論。（與那覇 潤）
歴-2-1

磯田道史
近世大名家臣団の社会構造
江戸時代の武士は一枚岩ではない。厖大な史料を分析し、身分内格差、結婚、養子縁組、相続など、藩に仕える武士の実像に迫る。磯田史学の精髄にして、『武士の家計簿』の姉妹篇。
歴-2-2

野田宣雄
ヒトラーの時代
ヒトラー独裁の確立とナチス・ドイツの急速な擡頭、それが国際政治にひきおこしてゆく波紋、そして大戦勃発から終結まで——二十世紀を揺るがした戦争の複雑怪奇な経過を解きあかす。
歴-2-5

勝田龍夫
重臣たちの昭和史（上下）
元老・西園寺公望の側近だった原田熊雄。その女婿だった著者だけが知りえた貴重な証言等を基に、昭和史の奥の院を描き出す。木戸幸一の序文、里見弴の跋を附す。
歴-2-6

中西輝政
アメリカ外交の魂　帝国の理念と本能
初代ワシントンからオバマ大統領に至るまで、米外交は「孤立主義」と「理想主義」との間でなぜ揺れ動くのか。「国家としてのアメリカ」の根幹を解きあかす画期的アメリカ論。
歴-2-8

原 武史
完本 皇居前広場
明治時代にできた皇居前広場は天皇、左翼勢力、占領軍それぞれがせめぎあう政治の場所でもあった。定点観測で見えてくる日本の近代。空間政治学の鮮やかな達成。（御厨 貴）
歴-2-9